读客经管文库

长期投资自己,就看读客经管。

特别会说话的人都这样说话

MOEKO ONO

[日]大野萌子 著 滕小涵 译

文汇出版社

图书在版编目（CIP）数据

特别会说话的人都这样说话 /（日）大野萌子著；
滕小涵译. -- 上海：文汇出版社，2021.6
ISBN 978-7-5496-3557-3

Ⅰ. ①特… Ⅱ. ①大… ②滕… Ⅲ. ①语言艺术－通俗读物 Ⅳ. ①H019-49

中国版本图书馆CIP数据核字(2021)第093247号

YOKEI NA HITOKOTO WO SUKARERU SERIFU NI KAERU IIKAEZUKAN
BY Moeko Ono
Copyright © Moeko Ono, 2020
Original Japanese edition published by Sunmark Publishing, Inc., Tokyo
All rights reserved.
Chinese (in Simplified character only) translation copyright © 2021 by Dook Media Group Limited
Chinese (in Simplified character only) translation rights arranged with
Sunmark Publishing, Inc., Tokyo through BARDON CHINESE CREATIVE AGENCY LIMITED, HONG KONG.

中文版权 ©2021读客文化股份有限公司
经授权，读客文化股份有限公司拥有本书的中文（简体）版权
著作权合同登记号：09-2021-0472

特别会说话的人都这样说话

作　　者	/ （日）大野萌子
译　　者	/ 滕小涵
责任编辑	/ 戴　铮
特约编辑	/ 李思语
封面设计	/ 唐　旭 & 谢　丽　xtangs@foxmail.com
出版发行	/ 文汇出版社 上海市威海路755号 （邮政编码200041）
经　　销	/ 全国新华书店
印刷装订	/ 三河市龙大印装有限公司
版　　次	/ 2021年6月第1版
印　　次	/ 2025年3月第16次印刷
开　　本	/ 890mm×1270mm　1/32
字　　数	/ 155千字
印　　张	/ 11

ISBN 978-7-5496-3557-3
定　　价 / 49.90元

侵权必究
装订质量问题，请致电010-87681002（免费更换，邮寄到付）

目 录

序言 ———————————————————— 001

01　打招呼与客套 ———————————— 005
客套话和真心话的区别在于内容是否具体。

02　请求他人的帮助 ———————————— 027
如果想让对方爽快地答应自己，一定要自己主动与对方进行愉悦的互动。

03　拒绝的方式 ———————————————— 049
"拒绝"针对的是事情，并不意味着得罪别人。

04　为对方着想 ———————————————— 069
"好意"不应该是自我满足，而是应该设身处地地为对方着想。

05 **称赞别人** ———————————— 091

一定不能只称赞对方的工作结果,还要肯定对方的工作过程。

06 **答复别人** ———————————— 113

先倾听对方的发言,抱着开放的态度去对话。

07 **自我主张** ———————————— 147

沟通的一条基本原则就是"我和你是不一样的人,所以意见出现分歧也是理所当然的"。

08 **提醒与批评** ———————————— 169

批评的最终目的是促进对方的进步。

09　与他人保持距离 ——— 187
受欢迎的人总会与他人保持适当的距离，不会擅自闯入别人的私人领域。

10　倾听 ——— 219
一个受欢迎的人在与别人交流时，一定会让对方感受到"这个人的确是在认真听我说话"。

11　道歉 ——— 237
道歉有三大原则，那就是"承认事实""直截了当"和"尽快尽早"。

12　社交软件和邮件 ——— 253
在写邮件时，一定要多想一想对方读后的感受。

13 负面意见 —————— 279

千万不要用好与坏、对与错来单方面做出判断，高高在上地去评价对方。

14 教育孩子 —————— 297

最理想的方式就是让父母和孩子共同成长。

15 一些容易引发职权骚扰的说法 — 323

希望大家都能学会为他人着想，构建相互理解、相互包容的人际关系。

结语 —————— 337

序 言

无意中说的话会决定对方对你的印象

您有没有过类似这样的烦恼:"我明明没有恶意,但是一句话就把对方惹怒了"?

再或者,有的时候明明是想问问对方心情如何,结果反而让对方变得更加焦躁;明明是为了对方好,结果反而伤害了对方;与上司或下属之间的沟通总是无法顺畅进行。

每年,我都会在政府部门和企业中举办150多次演讲和授课,为两万多人提供人际交流方面的指导,而大家经常会向我倾诉类似的烦恼。

同时,多年以来我都在各种企业的健康管理室中担任咨询师,倾听过许多人的倾诉,而大家倾诉的烦恼中有90%都与人际关系有关。例如"和上司的相处不顺利""不知道该如何指导自己的下属""和客户交流总是容易产生误解""家庭关系不和睦"等等。

语言是一种很可怕的东西,一丁点儿的错误都会使人际关系出现裂痕,导致无法挽回的后果。

而更可怕的,就是那些出口伤人却毫无自觉的人。

很多人在不知不觉中将消极的语言形成了习惯，无法和周围的人建立起良好的人际关系，导致自己最终陷入烦恼。

像这种说话不经过大脑的人，也很容易对他人造成侵扰。

特别是在 2020 年 6 月 1 日实行的《职权骚扰防止法（劳动施策综合推进法）》的影响下，各种组织的规定都变得更加严格，所以在职场的交流中也更需要多加注意。

但是反之，如果因为怕说错话导致人际关系恶化而选择闭口不言，拒绝与别人交流，就会逐渐失去与其他人相互理解的机会。

使用积极的话语来提升印象分

无论是什么工作，都需要与他人进行交流。特别是在处理上下级关系时需要及时沟通汇报，与其他不同立场的人进行团队合作时则更加需要一定的沟通技巧。

除了日常生活中的问候和回应以外，我们还需要请求别人的帮助、说出自己的意见、提醒别人注意、向别人道歉、称赞别人、斥责别人……

因此，我们需要尽量多学习一些适当的表达方式。在各种场景下，将自己的想法传达给对方，让对方产生信赖感和安心感，愉快地接受。

除了面对面的谈话以外，邮件、网络聊天和社交软件等其他交流方式也是一样。

综上所述，本书将在15个章节中，列举出日常交流中的141个实例，对"合适的说法"与"不合适的说法"进行对比讲解。

积极的语言可以帮助我们建立良好的人际关系。

只要使用合适的表达方式，即使是很难说出口的话，也不会伤害到对方，反而会让对方坦然地接受。

学会这种积极的沟通技巧，可以有效提升自己的印象分，让周围的人对自己产生好感，建立起坚实的信赖关系。

即使是同样的内容，使用不同的说法，也可能会让对方产生完全不同的感受。

本书将会为您列举出很多实际案例，在阅读时请多多联想自己的实际生活，也许您会发现自己也曾经差点落入这样的陷阱之中，或是对某些说法造成的伤害感同身受。

衷心希望本书能帮助您提升沟通技巧，改善人际关系。

大野萌子

01

打招呼与客套

打招呼是决定一个人第一印象的重要仪式。它可以让对方产生安心感和信赖感，是一种非常重要的交流手段。

如果双方在见面时能够面带微笑相互问候，那接下来的交谈也一定可以顺利进行。反之，如果打招呼不够礼貌，使对方感到不快，就会大大减分。之后想要扭转糟糕的第一印象，就没那么容易了。

与打招呼不同，客套在人际关系中并没有那么必要。但是为了给对方留下好印象，维持与对方的关系，我们时常会顺口说出"下次一起吃饭啊"之类的话。可是如果经常这么说，却不是真的想邀请对方一起吃饭，对方就会觉得你是一个说话不靠谱的人，所以还是不要轻易对别人做出邀请。如果实在想客套一下，就说得再模糊暧昧一些，不要让对方有所期待。

第 1 条

辛苦你啦。

您辛苦了。

对上级说"辛苦你啦"很不礼貌，注意不要踩到地雷。

曾经有一个刚进入公司的新人对客户说"辛苦你啦",结果惹怒了对方。原因在于,"辛苦你啦"是地位较高者对地位较低者使用的说法。

可惜有些人在使用这句话时并不知道这一点。听者有时并不会太在意,但也有人听到后会很生气,觉得"你凭什么对我这么说"。

实际上不仅是上司,即使是同事,也会因为这样一句话而心生不满。因为对方会觉得"我又不是你的部下",从而感到抵触。所以,如果想在打招呼时问候一下对方,还是说"您辛苦了"比较好。

最近,还有人听到这句话会觉得有些恼火:"我又不辛苦,为什么要说我辛苦了?"所以如果只是单纯想打声招呼的话,"早上好""您好"或者"打扰您一下"就已经足够。如果想问候一下对方,可以说"您回来啦"或者"最近xx那件事进展顺利,真是太好了",这样就可以将自己的问候之意传达给对方了。

打招呼是人际交往中重要的润滑剂,但使用时一定不要忘记考虑对方的心情。

第 2 条

> 不容易啊。

> 工作真是太忙了。

"不容易"感觉像是一种廉价的同情。

人在与其他人交往的过程中，都希望对方能够理解自己的处境和心情。

在跟别人叙述了自己的经历和心情后，对方如果草率地将其总结为"不容易啊"，这在叙述者听来就是一句流于表面的客套话，引人不快，给人一种事不关己高高挂起的感觉。

举个例子，如果对方说"最近感冒了"或者"最近工作很忙"，你回答说"不容易啊"，那会产生怎样的效果呢？即使你是想要安慰对方，但对方如果没有觉得自己很不容易，就会不知道该怎么答话才好。除此之外，还有的人会将开心的事情也用抱怨的语气说出来。如果对方跟你说"周末和孩子一起玩真是累坏了"，你却认真地回答他说"不容易啊"，那也有些多余。对方可能反而会有些恼火，因为自己这明明是幸福的劳累。

即使对方过得真的很不容易，别人也很难对当事人的痛苦感同身受。如果总是被别人这样说，甚至反而会让当事人变得更加消极。

所以，一定不要总是将"不容易"这种消极的词语挂在嘴边。比起这种附和，将对方讲过的内容重复一遍会显得更加感同身受。例如，如果对方说"最近都没时间休息"，你可以说"最近工作太忙了都没时间休息了啊"。特别是在对话刚刚开始，双方相互问候的阶段，理解对方讲过的内容，然后复述出来，这一点非常重要。

第 3 条

 **不合适** 的说法

你最近是不是很累？

✓ **合适** 的说法

你最近过得挺好吧？

听到别人问"是不是很累"可能会感到更加疲惫。

"你最近过得挺好吧？""挺好的啊，你看起来也不错。"这样的问候多么令人神清气爽。

　　反之，如果刚一见面，对方就说"你最近是不是很累啊""你看起来有点疲惫"，任谁听起来心里都会有点不舒服。因为这就相当于说"你今天看起来不太精神"，或者"你的脸色有点不太好"，一下子给人泼了一盆冷水。

　　如果对方真的很累，被这样一说就会变得更加消沉，心想"最近确实事情很多，可能有点累，但是也不用说得这么直白吧……"

　　反之，对方如果根本就没有觉得很累，被这么一说就会想"我今天明明精神挺好的，脸色有这么差吗，我没事儿吧……"，导致好心情一落千丈。俗话说"病从心起"，如果一个人在一天内被很多人问起"你最近是不是很累"，他就可能真的会开始觉得自己状态不太好，考虑是不是应该回家补补觉了。

　　因此，就算对方看起来真的有些疲惫，也不要使用消极的语言，而是应该用积极的语言来问候。语气也要尽量欢快一些，比如："好久不见了！你最近过得挺好吧？"真正受欢迎的人，一定是在沟通与交流中能够将对方的情绪往积极方向引导的人。这种人就是积极语言的艺术家。

第 4 条

 **不合适** 的说法

工作还顺利吗?

✓ **合适** 的说法

最近怎么样?

不要用只能回答"是"或"否"的问题来盘问对方。

也许有的人曾经用"工作还顺利吗"来问候别人。其实说这句话的人完全没有站在对方的角度来考虑。工作顺不顺利只能用"是"或"否"来回答，是一个"封闭式问题"。特别是当对方不想回答的时候，使用封闭式问题会让对方有一种被盘问的感觉，使谈话的气氛变得尴尬。还有的人会感到不解，怀疑问这种问题到底有什么意义。

就算工作十分顺利，对方也不能当场吹嘘自己，只能用"还可以"来搪塞。而如果工作并不顺利，对方自然也不会想要继续这个话题。所以无论怎样，都只会让对方感到困扰，不知该如何应答。

不只是工作，在其他的场合也是一样。例如，孩子从学校回到家后，有的家长会问孩子："今天在学校过得开心吗？"这样的提问明显是希望孩子回答"开心"，所以孩子即使是在学校遇到了不开心的事情，也会感到犹豫，不知道是不是应该说出来。所以，这种时候应该使用开放式的问法，例如"今天在学校过得怎么样"，让对方来掌握话题的主导权。

"怎么样"这种提问方式比较宽泛，没有特定的指向性。对方可以规避自己不想说的内容，选择自己想说的来说，是一种非常实用的提问方式。

第 5 条

你还记得我吗?

我是上次跟您见过面的某某。

为了照顾对方的感受,最好主动介绍自己。

我曾经碰到一个许久不见的人，对方问我"你还记得我吗"，而我却十分困惑，不知该如何作答。这种提问方式会让人觉得对方在考验自己，如果回答不记得，就会给对方留下不礼貌的印象。

在这种情况下，很难直接回答对方说"对不起，我一时想不起来"。大部分时候都只能用"啊，我们之前见过"这种含糊的说法来蒙混过关。有的时候想不起来是因为大脑一时短路，但如果确实与对方只是一面之缘，却搞得像是自己做错了事情一样，这的确会让人觉得不爽。

"你知道这是什么吗"跟"还记得我吗"在语感上有些许不同，但同样也是不太礼貌的问法。因为这种问法是以"我知道，但是你肯定不知道"为前提，有一种小看对方的感觉。更过分的是，在对方表示不知道之后，有的人还会再反问一句："啊？你竟然不知道吗？"这会让对方感到十分恼火，觉得自己只是对这些不感兴趣，所以不知道而已，这有什么错？

所以，遇到许久未见的人，不要去试探对方是否记得你。在打招呼的时候应该主动介绍自己，比如"您好，我是上次跟您见过面的某某"。如果想要把自己知道的事情告诉对方，一定要自己主动说，不要试探性地提问。这是人际关系的铁则之一。

第 6 条

下次一起吃饭吧。

这个月末要不要一起吃个饭?

客套话和真心话的区别在于内容是否具体。

在和同事或朋友告别的时候，很多人会说"下次一起吃饭吧"。有时候只是因为单纯说"再见"或者"下次见"感觉有些冷淡，所以大家就会加上这句邀请来客套一下。但是，这句话也可能会引发误会。

"过两天我找你一起吃个饭""等忙完这一阵子一起吃饭吧"，这样发出邀请后却迟迟不联络，有时会让对方产生失望的感觉。对方甚至可能会因此感到气愤，觉得你只是一个敷衍别人的人。这样的话，即使你以后真的想邀请别人出去吃饭，别人也不会当真，就像《狼来了》里面的小男孩一样。

如果真的想邀请对方出去吃饭，可以将话说得再具体一些，比如："下次我们一起出去吃饭吧，这个月末你有时间吗？"如果对方没有时间，可以当场再提出别的替代方案。如果对方还是说没有时间，那对方可能也只是因为想要客套一下所以才答应了你的邀约，这个时候就不要继续坚持了。一定要注意分辨对方是客套还是真心，同时也要注意不要给对方造成误会。

第 7 条

你这么久不联系我,我可担心了!

你终于联系我了,我很开心!

不要责怪对方,而是要将自己的想法坦诚地传达给对方。

当你与一个许久未见的朋友见面，对方说"你这么久都不联系我，我可担心了"和"你终于联系我了，我好开心"，哪种听起来感觉更舒服呢？这两种表达方式听起来是不是完全不同？

如果时隔很久后与朋友重逢，对方说"这段时间你都没联系过我，我还以为你是不是身体不好呢"，会让人有一种被责备的感觉，导致心情一落千丈。好不容易联系了一下，结果对方却把自己当病人，这样一想，心里多多少少都会有些不舒服。

而反之，如果对方说"收到你的联络真的很开心，谢谢，看到你挺好的我也放心了"，这样听起来就会舒服很多。我们也可以开心地回答一句"能再跟你联系上真是太好了"。

如果一个许久未联系的人主动来联系你，注意不要说"我正好也想联系你来着"。这句话的本意可能是因为没有主动联系对方，所以感到有些不好意思。但对方听了可能会想"你既然想联系我，那为什么没联系呢"，从而感到有些不快。

所以，此时最好的回复就是大大方方地说："收到你的联络我真的很开心。谢谢！"将自己的喜悦和感谢直接传达给对方。

第 8 条

我学到了很多。

"如何应对客户投诉"的部分让我受益良多。

将话说得具体一些,可以更好地传达自己的想法。

在跟别人说话的时候，听完对方的话之后，经常需要表达自己的感想。此时，如果只是单纯说"我学到了很多""感觉受益良多"，会让人觉得你不太真心。特别是当对方是自己的客户或上司时，为了附和对方，这样的回答经常会脱口而出。然而，对方认真说了那么久却只得到这么一句简短的回应，有时会感到有些失望。

我曾经听说过这样一件事。一个公司职员每次听完上司给出的建议，都会回答说"感觉学到了很多"，结果上司十分愤怒，批评他说："每次都说学到了很多，结果却什么都没做到！"

当然，虽然说回答得太简短不太好，但也并不需要什么长篇大论，关键在于要在这种机械式的回应中加入自己的语言。特别是在叙述自己的感想时，可以说："我一直都不太清楚该如何应对客户的投诉，刚才您的话让我在这方面受益良多。"像这样，用"具体的话"来说明自己在哪方面得到了助益，就算是很简短的一句话也可以。

不需要什么长篇大论，仅仅是加上一句简短的话，就可以扭转对方的印象。平时也可以自己多思考，练习将自己的想法和感受转化成语言。

第 9 条

你今天看起来好可爱啊。

✓ **合适** 的说法

你今天也很好看。

不是"今天",而是"今天也"。
与其说"可爱",不如说"好看"。

如果别人对你说"你今天看上去也好可爱啊",你听到后应该会很开心吧。但如果对方说的是"你今天看起来好可爱啊",那你听到后可能就会有些失望。后者特意强调"今天",似乎意味着"平时打扮得都不可爱,只有今天和平时不太一样"。而前者使用了"也",听起来就会好很多,意味着"你平时看起来也很可爱,但是今天格外可爱"。说这句话的人可能根本没有注意到这个"也"字,但一字之差却有可能引发巨大的误会。

有一位女性朋友曾经跟我讲过这样一件事。当时她准备周末和公司的同事出去约会,为此特意买了新的连衣裙。结果来到约会地点,对方对她说:"你今天的这身打扮好可爱啊"。她听了之后以为对方在公司一直都觉得自己打扮得不够可爱,于是深受打击,好几天都没有去公司上班。这当然是一个比较极端的例子,但是这也说明一个"也"字是多么重要。

除此之外还需要注意的就是"可爱"这个形容词。使用这个形容词,有时会让对方觉得你有些"高高在上"。除非你们是上下级关系或者非常亲密的友人,否则对方可能会觉得自己被看扁了,感到有些不快。

因此,如果想赞美对方的外表,还是用"你今天也很好看"比较保险。

02

请求他人的帮助

"想请别人帮忙的时候,怎么说才能让对方爽快地答应呢?"相信很多人都曾经有过这样的烦恼。

如果能让对方感觉"他这个人很好,如果是他的话,再忙也得帮一把",或者"做这件事对我自己也有帮助,我就帮他一下吧",那就非常成功了。反之,有的时候拜托别人办事会让对方心生反感,心想:"他难道不知道我很忙吗?拜托我也没用"甚至是"岂有此理"。

想要让别人帮忙,首先要知道对方是否有时间,以及对方是否具有相关的技能或知识。如果这是一件有些难度的工作,努力完成后可以成为一件业绩的话,一定要告诉对方。

平时一点都不亲近,只有遇到困难才会来求别人帮忙的人,往往不会受到欢迎。因此,如果想让对方爽快地答应自己,一定要自己多主动与对方进行愉悦的互动。

这个企划书非常重要。
一定要好好做。
好的部长
嗯？这个做得还不够深入？
你能不能……把它做得再扎实一点？
一挥手
啊，那个企划我也参与了。
呃……什么叫作再扎实一点……
陷入消沉……
可以让我看看吗？
原来是这样！这一部分读起来有点儿难懂，部长应该是想让你改一下。是吧部长？
嗯？
是啊没错。

第 10 条

✗ 不合适 的说法

再做得深入/扎实/彻底一些。

↓

✓ 合适 的说法

这一部分要做到……的程度。

如果工作上的指示做得不具体，有可能会引发严重失误。

在做一些比较细致的工作时,有人经常会说"请做得彻底一些"。这种说法和本书第 32 页中列举的"一点时间"一样,有些暧昧不清,在使用时需要注意。

举一个比较好理解的例子。在施工现场和工厂经常会听见类似的说法。负责指挥的人经常会对从事危险工作的人说"一定要彻底、严格地做好安全保障"。"彻底"是一个语气很强的词,人们经常以为只要基本理解了这个词的意思就没有什么问题了。然而在工作现场也有很多外包的工种,这些工人可能对业务的内容理解得不够透彻,只能通过自己的感觉来判断,由此引发的人身事故和设备事故也不在少数。

为了避免这种事情发生,在做出指示时最好更加精确一些,比如:"为了确保安全,这个工作要做到……的程度。"将指示进行量化,来确保所有人都能够理解。除了"彻底"以外,"深入""扎实"等类似的词语也经常出现在日常交流中,说者与听者之间如果不通过沟通进行具体确认,很可能会引发误会。

如果不把自己的想法一五一十地说清楚,对方就不可能理解。只有抱着这样的心态来与对方认真沟通,才能让工作顺利推进。

第 11 条

✕ 不合适 的说法

可以占用你一点时间吗?

↓

✓ 合适 的说法

可以占用你10分钟左右的时间吗?

不要使用暧昧不清的表达方式,将时间和日期准确地传达给对方。

"可以占用你一点时间吗？"这句话在日常交流中经常出现。然而"一点时间"对不同的人来说往往有不同的含义。有的人觉得"一点时间"应该是 3 分钟，有的人觉得应该是 30 分钟或者 1 小时，还有的人觉得干脆一边吃饭一边谈比较好。人们对时间的感受各不相同，因此彼此之间容易产生误会。

比如说，当你给某办公室打电话时，对方说："现在负责人不在，一会儿我让他给您回电话。"那么，此时的"一会儿"究竟意味着多久呢？我在做企业培训时曾经问过这个问题，结果大家的答案各不相同。短一点的有"5 分钟""10 分钟"，长一点的有"30 分钟""几小时"，甚至还有的人回答"今天内"或是"最晚明天"。从"5 分钟"到"明天"，可以说是相差甚远了。

所以，如果想让对方留出时间，或是让对方等待回复，可以将日期或时间传达得更加具体一些，例如："可以占用你 10 分钟左右的时间吗？"或者："明天中午之前会给您答复。"一旦无法遵守约定，一定要提前向对方道歉，并将更改后的时间告诉对方。

第 12 条

✗ **不合适** 的说法

如果可以的话，请尽量早点给我。

↓

✓ **合适** 的说法

请月底前给我。

"如果可以的话""尽量早点"这种意思不明确的词语十分危险。

无论是与对方面对面交流，还是发邮件或者在社交软件上聊天，很多人在拜托别人时，都会使用"如果可以的话"这种表达方式。这样的说法一般是为对方着想，不想过分催促，可是对方听到后往往会觉得"那做不到也没关系"，然后把事情的优先级向下调整。

而如果对方事务繁忙，经常需要调整各项事务的优先顺序，看到这样暧昧不清的说法，反而会觉得不知道该如何是好。

所以，还是将自己的想法清楚地传达给对方吧，告诉对方"希望您能在这个月底前发给我，如果时间上有困难的话，请和我联系"。如果留有太多余地，对方可能会反过来告诉你："你也没说一定要，我最近工作太忙了还没开始动手。""尽量早点"这句话也是同理，对方可能会觉得"如果只是'尽量'的话，那应该不用马上开始"。"早点"这个词的含义也有些含糊不清，不同的人理解的意思不一样，容易产生误会，所以也少用为好。碰到类似的情况，可以跟对方说清楚："能不能麻烦您本周五下午 5 点前把这个做完给我？"这样的话，对方就可以直接回答"能"或是"不能"，不会产生不必要的误会，沟通也就能够顺利进行了。

第 13 条

✕ 不合适 的说法

有时间的话麻烦做一下。

↓

✓ 合适 的说法

请在这周内给我。

"过分在意别人的感受"和"过度的客气"是滋生误会与纠纷的土壤。

过分在意别人的感受导致误会的例子还有很多。比如在拜托别人做事时，如果将对方方便与否放在第一位，经常会用"如果你不忙的话""如果你有时间的话""我不急着要"等说法。

上司在给下属布置工作时如果使用这样的措辞，以后询问进度时，对方可能会回答说"因为没抽出时间来，所以还没开始做"。这时候上司如果觉得很生气，大声怒吼"怎么还没开始做"，就有可能会落得一个"因职权骚扰而被员工投诉"的下场。

对任何人来说，时间都是非常宝贵的资源。除了必须要做的事情，其他所有事都会被一点一点往后拖延。人们会将最为宝贵的"空闲时间"优先用在自己的身上。当然了，也许真的有那种不紧急，做不做都行的工作。但是无论是什么工作，都一定要把期限说清楚。

当需要拜托别人做事的时候，一定要将期限明确地告知对方，比如"最晚也一定要在两周内做完"。如果时间上需要双方进行调整，一定要尽快了解对方的意见并做出回复，否则时间过得越久，对方的日程也会排得越满。因此，不如尽早将自己的要求告诉对方，然后加上一句"请明天前给我答复"，在短时间内确定清楚。

第 14 条

✗ 不合适 的说法

> 这个再改改。

↓

✓ 合适 的说法

> 这一部分有点难懂，请修改一下。

要求说得太笼统很可能造成职权骚扰。

有的上司总是满不在乎地丢出一堆笼统的要求，让下属摸不着头脑。有时这甚至会造成职权骚扰，导致被下属投诉。类似于"这个再改改"这种笼统的指示或命令，就很具有代表性。

以前我就接到过这样的咨询。来咨询的人说，他把做好的资料交给上司后，上司总会说"这个再拿回去改改"，这样反复了很多遍，导致他陷入了抑郁。他也问过上司具体哪里需要修改，可上司总让他自己想。结果他认真修改了很多遍，感觉快要把自己给逼疯了。

未来在职场中，上下属之间沟通不畅的问题可能会变得越来越多。我们在对待下属时，也要注意不要成为职权骚扰的加害者。

为了避免这种情况出现，在做出指示时可以更加具体一些，比如"这一部分有点难懂，请修改一下"或者"能不能把这里改成这种形式"。

为了让沟通顺利进行，在拜托别人，或者希望别人快一点的时候，也最好将时间和内容准确地传达给对方，比如："这个必须这周内交货，这一部分能不能帮我做一下？"或者："这个文件请明天前做好给我。"

第 15 条

✗ 不合适 的说法

这么简单的工作,你应该能做吧?

↓

✓ 合适 的说法

这个工作我想交给你来做。

在指派工作时,高高在上的态度会造成对方的反感。

当上司给你指派工作时,"这么简单的工作,你应该能做吧"和"这个工作我想交给你来做",这两种说法哪个更能让人开心地接受?前者似乎有些看不起人,想要考验别人,让人心生反感。而相反,如果能够在指派工作时让对方感受到上司的信赖和期许,那对方在接受工作时一定也会觉得干劲满满,想要对未知发起挑战。

所以,哪怕指派的是同一个工作,不同的说法也会让对方产生"被轻视"和"被期许"这两种截然不同的心理。

被指派工作时,员工会很想知道上司看重自己哪方面的能力。如果上司只是一副随随便便的态度,那员工的心里就会很没底,工作动力也会一落千丈。

还有,不同的人对"会"与"不会"的定义也有很大的区别。我曾经听说过这样一件事情。有一个人问自己的员工会不会用电脑,有一个员工说"会",他就把制作资料的任务交给了这名员工。结果实际上这个员工只会用电脑收发邮件,连PPT是什么都不知道。反而另一个回答"不会"的员工只是因为自己对PPT的应用技巧没有自信而已。人和人的思维方式经常会相差甚远,所以一定要把"会什么"和"会到什么程度"确认清楚。

第 16 条

✕ 不合适 的说法

麻烦您了。

↓

✓ 合适 的说法

这个资料就麻烦您了。

注意"麻烦您了"的使用方式。

工作中经常会使用"麻烦您了"这句话。说这句话是"不合适的说法"可能会让很多人感到不解，心想："那以后我们该说什么好呢？"事实上，大家不必过度担心，这句话并不是不能用，只是需要在使用方式上注意一下。有时，出于方便而滥用"麻烦您了"这句话，可能会招来意想不到的麻烦。

以前我曾经遇到过这样的咨询。来咨询的人说，有人给他发了非常长而且非常难懂的邮件来交代工作，然后在结尾写了一句"这些就麻烦您了"，他觉得非常生气。我问他为什么生气，他说："写了一堆看都看不懂的东西全都扔给我，还说要麻烦我，他怎么想的？"其他人听了他的牢骚也觉得感同身受。大家在工作中一定也都有过类似的经历吧。

在这种情况下，一定要将想要拜托别人的事情写清楚，比如"这个资料麻烦您做一下"。

不仅如此，有时拒绝了对方的要求，对方回信时还说"以后还要继续麻烦您"，这也让很多人心生不快。所以在使用这句话时，一定要注意不要随意滥用，否则容易引起对方的反感。

第 17 条

✗ 不合适 的说法

这个工作请你顺便做一下。

↓

✓ 合适 的说法

这个工作你能不能也做一下？

用"顺便"来让对方帮自己做事是很不礼貌的行为。

如今，我们在工作中经常会发现临时工和正式员工的心态并不相同，新员工和老员工之间也存在代沟。比起工作，越来越多的人开始注重私人时间，拒绝做自己分外的工作，不愿意加班。有的人甚至会因为"工作手册中没有这一条"而拒绝参加公司的晨会。

然而，在老一辈员工中，很多人都不把加班当作是苦差事，而是选择将自己的人生奉献给公司。所以当他们理所当然地用自己的观念去要求新员工时，就会出现矛盾与对立。

"请你顺便做一下这个"就是其中的一个例子。这句话会导致人与人之间产生分歧，有的人认为工作中就是应该多做一些力所能及的事情，而有的人却希望将自己分内和分外的工作划分清楚。

特别是对于一些接受其他公司外包工作的人和自由职业者来说，想用这种方式来占便宜是行不通的，这样的拜托方式甚至可能会让对方认为这是一家黑心企业。

就算是自己公司的员工，总是接到这样的指派也会觉得自己没有被尊重。所以，为了避免让对方产生抵抗心理，请将不同的工作单独进行指派，例如："这个工作你能不能也做一下？"还有，既然是追加的工作，在拜托对方以前，一定要事先做好被对方拒绝的心理准备。

第 18 条

✗ 不合适 的说法

请不要那么做。

↓

✓ 合适 的说法

请这样做。

在提出要求时要用肯定形式，不要用否定形式。

当你顺手要把门关上，而对方想让你开着门的时候，"请不要关门"和"可以把门开着吗"这两种说法，哪一种听起来更舒服呢？

这两种说法都是表示"希望门能保持开着的状态"。只是前者用了否定形式，后者用了肯定形式，结果给人的印象就完全不同。比起"否定形式的命令"，"肯定形式的请求"更容易让人接受，这一条规律在日常生活中的各种场景下都适用。

在指出下属的错误时也是同样，比起用"请不要这样做"来否定对方做过的事情，不如用"下次请这样做"来针对以后提出建设性的建议，这样才能让下属积极地向前迈进。举个例子，比起说"这个资料千万别交晚了"，还是说"这个资料一定要按时交"更能让人充满干劲。

和朋友说话时也是同样。"这个月太忙了所以没法见面"听起来容易让人感到失落，而"我下个月有时间，到时候见面吧"听起来就好多了。无论是在工作中还是生活中，都要尽量在对话中使用肯定形式。说话总是使用否定形式会让对方觉得你是一个消极的人，使印象分大打折扣。

03

拒绝的方式

很多人不知道该如何得体地拒绝别人。他们担心对方会因此讨厌自己，或者因此导致以后接不到工作，所以即使是自己做不到或者不想做的事情也会答应下来。相信很多人都有过类似的经历。

首先请大家记住，"拒绝"针对的是事情，并不意味着得罪别人。

很多人觉得拒绝就意味着得罪别人。这种想法其实是错误的。相反，有的时候因为不知道怎么拒绝而接下了工作，最后却给对方带来了麻烦，才会导致关系的恶化。想要得体地拒绝对方，其实是有诀窍的。

例如，在拒绝对方时，并不一定要把理由说清楚。还有，如果不想做，就不要给对方暧昧的答复。要让对方明确地知道你"不想做"或者"不想去"。如果想要维持双方之间的关系，一定要提出一个替代方案。

希望本章的内容能够帮助您学会更加得体地拒绝别人。

这个文件能不能今天整理好给我？
应该能吧。
今天 14 点开始开会，你能来吗？
部长！完成了！
啊，辛苦你了。
话说，你一会儿来开会吧？
我只说了“应该”能去。
扬扬得意
不去也行吧。
拽走
咦———
朝这边过来了！！
飞奔
想拒绝的话一定要说清楚！

第 19 条

✕ 不合适 的说法

> 应该能吧。

↓

✓ 合适 的说法

> 可以。不行。

"应该能吧"这种模棱两可的回答,很容易招来误解。

"应该"一词本意是指"理应如此""理所当然"。很多人会用"应该吧"表示"某件事情不出意外的话很有可能实现"。

然而最近,很多人在可能性不是很高时也会使用这个词,他们觉得只要不把话说得太绝对,之后就算是不想做或者做不了也没关系。这样一来,就很容易产生误会。

我的一个讲师朋友就曾经遇到过这样一件事。他想请别人帮他准备演讲的材料,对方回答说"啊,那个我应该能准备",结果他等来等去对方都没有发过来,一问才知道原来对方后来发现准备不出来,最终导致了很严重的后果。

在日常生活中,当我们对关系比较亲密的人使用"应该"这个词时,通常不会导致对方的误解。这是因为双方对彼此的语言习惯都有一定的了解。然而,在工作中,我们常常会接触到各种各样的人,在这种情况下,使用这种暧昧不清的词很容易引发矛盾和纠纷。特别是当别人来拜托你时,使用"应该"来答复对方是很危险的做法。

在想要答应别人时,最好说"我可以"或者"我知道了",想要拒绝别人时,最好说"我做不了"或者"这个有点困难",这样将自己的想法表达清楚,就可以避免误会,让双方都安下心来。

第 20 条

✗ 不合适 的说法

我现在有点忙。

↓

✓ 合适 的说法

我这周抽不出时间,下周可以。

说自己"有点忙"相当于说"我不愿意为你花时间"。

在拒绝别人时，"忙"是一个很常用的理由。"我很忙""最近事情有点多""现在手忙脚乱的"，这些词大家都很常用。但是这个理由相当于是对对方说"我不愿意为你花时间"，听起来有些令人不快。正确的拒绝方式应该是"我这周抽不出时间，下周可以"，告诉对方自己具体什么时候有时间。

如果不是因为忙，而是因为工作的具体内容而拒绝对方，可以说"我缺乏……方面的能力"，或者"这方面业务的交接还没有完成"，将具体的理由诚实地告诉对方。这样对方也可以再想别的办法，比如再问问其他人，或者给你一些辅助来帮助你完成。

切记，不要一味地用"忙"来拒绝自己不想做和不会做的工作。这样会让别人觉得你没有进取心，失去对你的信赖。拒绝本身不是坏事，但是错误的拒绝方式会破坏你和别人之间的关系。

所以，在拒绝别人时一定要说明自己做不到的理由，最好是能想出一个替代方案。这样的话即使是拒绝了对方，也能够得到对方的理解，不会让对方心生芥蒂。一个合理的替代方案也会使对方更愿意下次再将别的工作交给你来做。

第 21 条

✗ 不合适 的说法

> 我其实挺想做的,但是……

↓

✓ 合适 的说法

> 我时间上不太方便。

拒绝的时候最好不要把理由说得太清楚。

日本人很擅长察言观色，不希望和别人起冲突，所以在回答问题时也不愿意用"是"或"否"这种直白的说法。所以，在想要拒绝别人的请求和邀请时，总会用"我其实挺想做的，但是……"或者"我真的很想去，可是……"这样的说法来拐弯抹角地推辞。

但是如果这样说的话，对方可能会心想"你想做那就做啊"或者"想来为什么不来呢"，甚至有的人会直接说："如果真的想来的话，就把别的事调整到其他时间吧。"

另外，如果用"我那天约了别人"之类的借口也不太合适。这就相当于说对方的优先级还不够高，容易让对方心里不舒服。所以在拒绝的时候还是直接说"我那天时间上不太方便"比较好。

还有，在拒绝的时候一定不要用"去医院"之类的理由来撒谎。有人就曾经用虚假的借口请假去迪士尼乐园玩，结果在那里碰到了公司里的人，最后事情在公司里传开，导致他的口碑一落千丈。一句不合适的话，就变成了自掘坟墓。

拒绝的时候一定要记住两大原则，那就是"简洁"和"直接"。

第 22 条

✗ **不合适** 的说法

我不行。

↓

✓ **合适** 的说法

我的xx能力还不足,无法完成这项工作。

总是说"我不行"的人,其实是想让别人来肯定自己。

用"我不行"这句话来推辞的人，一般有两种类型。第一种是为了公司考虑，觉得自己确实不行，不想给公司添麻烦。另一种则是希望得到他人的肯定，他们说"我不行""我做不到"，是想让别人告诉他们"你行""你可以的"。事实上，很多人完全是无意识地做出这样的举动。

如果是前者的情况，可以将自己做不到的部分具体说出来，比如"我的 xx 能力还不足，无法完成这项工作"。这样也许对方还可以给你一些建议，帮助你提升这方面的能力。

而如果是后者的情况，对方可能就会觉得你很麻烦，产生不好的印象。有的人会认为跟这种人最好划清界限，尽量少打交道。所以越是说"我不行、我不行"，想要吸引别人的注意，越是会被身边的人疏远。

有的时候一不注意，也容易脱口而出用"不行不行"来回复别人。而有的人被这样突然拒绝，会感到恼火或者受打击。所以"不行"这个词还是尽量少用为好，最好说清楚自己具体哪里不行，这样对方会更容易接受一些。

第 23 条

✕ 不合适 的说法

我以为是……

↓

✓ 合适 的说法

我理解错了。

不要用自己的"以为"来揣测别人的意思。

"我以为这个工作不是我负责""我以为那个不用做",这样的借口,想必大家一定都用过吧。

人都不愿意承认自己有错,所以会想办法找借口将错误的原因归结到别处,证明自己没有做错。可是这样的话在别人听来,就只是推脱责任而已。

在这种情况下,还是说"我理解错了"来主动承认错误比较好。同时,为了今后不再出现类似的错误,一定要和对方商量好今后的应对方式,例如可以说:"请问今后应该怎样进行确认比较好?"

毕竟,人与人是不同的个体。如果不事先和对方确认清楚,自己"以为"的和对方的实际想法不可能会一模一样。如果没有认识到这一点,在工作中不确认清楚,就很可能再次发生同样的错误。

所以,最关键的就是跟对方进行确认,看自己的想法和对方是否有分歧,然后通过交流来达成共识。不要自己想着"这个工作做到这个程度应该差不多了"或者"这里不做应该也可以",就算麻烦一点,也要先确认清楚。"问"与"不问"决定了人际关系中是否会出现裂痕,这一点一定要慎重对待。

第 24 条

✘ **不合适** 的说法

那个我不用。

↓

✓ **合适** 的说法

可以用别的软件吗?

不要只说"我不用"或者"我不会",而是要和对方一起寻找折中的方案。

如今，邮件、社交平台、聊天软件等各种新型社交方式不断涌现，"经常用"和"不用"这些软件的人之间的代沟也越来越深。

例如，当一群人想要在LINE或者Facebook上组建一个聊天群的时候，如果其中有人说"我不用这个"或者"我不会用这个"的话，该怎么办呢？这种单方面的拒绝会让其他人心生不快，感觉像是大家一起被这个人否定了一样。特别是在工作中，这样的回答方式会让对方觉得你缺乏工作热情。

当然，使用什么软件是个人的自由，不用某个软件也不是什么错，不应该受到批判和指责。但是单方面地回答"我不用"或者"我不会"，会使双方的关系产生裂痕。

在这种情况下，最好提出其他的替代方案，或者向对方请求帮助。比如："可以用别的软件吗？"或者："这个软件我不会用，你可以教教我吗？"只要双方愿意拉近距离，一起商量解决，最后基本上都能找到合适的解决方法。

如果对方花费了时间和精力来帮助你，一定要记得向对方道歉并表示感谢。积极挑战新事物的心态也会给对方留下一个好印象。

第 25 条

✗ 不合适 的说法

我可以拒绝吗?

↓

✓ 合适 的说法

因为……所以我想拒绝。

把问题抛回给对方,让对方代替自己说出结论的做法有些狡猾。

当别人请求帮助时，有些人不好意思直接拒绝，而是反问对方："我可以拒绝吗？"

这种做法其实有些狡猾，属于自我防卫的一种。通过把决定权移交给对方，来拐弯抹角地表达自己的想法。

与之类似的，还有"我可以说'做不到'吗""我可以不做吗"等说法。然而，对方自然是希望得到你的帮助所以才来拜托你，这样问只会让对方无所适从。

这样的反问会让人的心里产生一些不安。因为这句话意味着，你希望对方能够主动察觉到你的不情愿，就此作罢。用这种方式来拒绝对方的请求很不礼貌，会让对方感到不快，所以惯于使用类似说法的人一定要尽量改掉这个习惯。

当你想要拒绝别人时，还是用最简单直接的说法比较好，比如"最近有别的任务要交，所以我做不了"。这样的话，对方也会体谅你的难处。

恰当地表达自己的意愿，是建立信赖关系的基础。

第 26 条

✕ 不合适 的说法

我不吃辣的。

↓

✓ 合适 的说法

我不太能吃辣，可以换成别的吗？

不要光说"不"，最好能够提出其他合理的方案，展现合作意识。

当和朋友同事一起出去吃饭或旅游的时候,碰到自己做不到的事(例如吃辣或是坐飞机),你有没有立刻摆出一副"完全否定"的态度?可能你也是想提前把自己的难处告诉大家,省得以后给大家添麻烦。但是其他人听到后可能会觉得扫兴,认为你有些任性。

"我不……"听起来没有丝毫让步的余地,容易让听者感到压力。用这种说法,会让周围的人觉得你没有合作意识,以自我为中心。

同样的内容可以换一种说法,例如:"我不太能吃辣,可以点不辣的菜吗?""对不起我坐不了飞机,可不可以直接在目的地跟大家集合?"用谦虚的姿态提出建设性的意见。

这里的关键是,不要因为自己不能做,就单方面否定和拒绝他人的意见。如果有特殊情况,比如对食物过敏,确实应该清楚地传达给大家,但是每个人都有不同的喜好和习惯。如果将自己的喜恶或是价值观强加在别人身上,必然会导致人际关系的恶化。所以一定要多多注意自己的表达方式。

毫无余地的拒绝,可能会为自己带来更大的损失。

04

为对方着想

每个人的价值观和思维方式都不一样。自己觉得好的东西，并不一定能合别人的心意。有很多人因为过分为他人着想，会做出很多多余的举动。

例如，当家里的来客要离开时，即使对方推辞，有些人仍然会坚持要送客人到楼下，并且站在原地挥手作别，直到对方的车驶出自己的视线。再或者，在一些企业培训或是演讲会时，演讲者如果到得有些早，主办方的人觉得不好意思让对方一个人久等，就特意跑到等候室去陪对方聊天解闷。还有的同事或是朋友出门买回来一些自己觉得不错的特色礼品，赠送给别人后一直纠缠不休地询问对方的感想。这些做法全部是出于好意，想要为对方着想，然而正是因为他们的好意，客人想要顺路去一下卫生间也只能作罢，演讲者想在上台前确认一下稿件也没法着手，朋友觉得收到的化妆水味道太刺鼻也不好意思直说。

就像这样，自己的好意有时也会给别人带来困扰。"好意"不应该是自我满足，而是应该设身处地地为对方着想。

啊！烦死了！
烦躁
最近简直每天都在加班！
突然出现
加班的不止你一个。
大家都很努力。
拍肩
毫无动力
啊啊啊啊……
走啦走啦
吃拉面去
你真的非常努力！
再加把劲儿吧
女神啊！

第 27 条

✗ 不合适 的说法

大家都很努力的。

⬇

✓ 合适 的说法

你真的很努力。

"大家"是指谁？每个人都希望得到别人的肯定。

当自己正在努力加油的时候，别人如果说"大家也都是这样""大家也都很拼"，你听了会不会觉得有些失落？如果想知道这个"大家"到底是指谁，追问下去的话，通常会发现，原来这只是对方自己这么认为罢了。

"大家"是一个非常方便的词，可以快速将自己的观点扩张到大众层面，所以很多人都会在不知不觉中使用。但是在使用这个词的时候，我们可以隐约感受到说话者希望将自己的意见正当化，把话说得夸张一些的心情。在用来向对方发出指令或是提醒的时候最好慎用，因为听者会感觉到自己被否定，与"大家"格格不入。

将对方与他人进行比较，从自己的主观角度来武断地决定"大家都……"和"正常都……"，这只会让对方心生反感，引发矛盾。仅仅是听到别人说"大家都……所以你也……"，没有人会立刻老老实实地接受。

在做心理咨询时，如果对方问我："大家都是怎么做的呢？一般人会怎么做呢？"我也只会说："人和人是不一样的，最重要的是你是怎么想的，你想怎么做。"如果想要鼓励对方，则更是如此。不要上升到大众层面，将目光聚焦到你面前的人，对他说"你真的很努力""你原来是这样想的"，这才是最好的方式。

第 28 条

✗ 不合适 的说法

区区薄礼,不值一提。

↓

✓ 合适 的说法

这是我的一点心意。

在赠送礼物时,过分的谦虚也会招人反感。

如今，送礼时强调礼品微薄的说法已经不那么常见了。但是在见客户或是拜托别人办事的时候，仍然会有人用"区区薄礼，不值一提""随便买了点东西，请您收下"等表达方式来自谦。

但是现在，这样的说法容易招来误会，对方可能会觉得"不值一提的东西为什么要给我""随便买的东西我也不想要"。

话虽如此，只说一句"请笑纳"似乎也有点冷淡。在这种场合下，还是说"这是我的一点心意，请您尝尝看"或者"这是我爱吃的点心，不知道合不合您的口味"比较好。

如果是特意去热门店铺排队买到的东西，可以说"最近听说这种小吃特别受欢迎，我就想带来给大家尝尝看"，对方听说是你特意去买来的，一定会更高兴。所以完全没必要把自己的位置放得太低，贬低自己的礼物。

这里我想再强调一遍，与人沟通的基础就是"不要使用负面词汇"。在某些情况下，日本人这种谦逊委婉的态度是必要的，但是一旦过了度，反而会让对方产生不快，这一点一定要注意。

第 29 条

✗ 不合适 的说法

任何事都可以来问我。

↓

✓ 合适 的说法

如果……方面有不懂的地方,可以来问我。

"任何事"的范围太广,反而会让人感到迷茫。

"任何"这个词用起来非常方便，使用范围很广。出于好意对对方说"任何事都可以来问我""任何事我都能帮忙"的时候，对方通常会觉得你人不错，很热心肠。

　　然而，有的人听到"任何"这个词，反而会不知道该问什么才好。反之，有的人也把所有鸡毛蒜皮的小事都拿来问。如果双方没有一定的交集，互相不是很了解的话，"任何"的范围有些过于宽泛，会让人感到迷茫。

　　人只会对自己有一定了解的事物产生疑问。对于一个刚来，什么都还不懂的人来说，"任何事都可以来问我"跟置之不理并没有什么区别，反而会让人产生疏远感。

　　我时常会听说这样的事情。有上司对新来的员工说"任何事都可以来问我"，结果对方什么都没有问，上司就以为他的工作进展得很顺利，而事实上这名新员工只是什么都还没有开始做。

　　在这种情况下，如果换成说"关于这个资料，有什么不懂的都可以来问我"，那对方也会更容易找到方向。还有另一句"有事联系我"也是同样，如果双方有一些交集的话那就没问题，但如果只是单纯用来客套，对方可能会很疑惑，不知道"有事"究竟是指什么事。

第 30 条

✗ 不合适 的说法

> 这个你来做吧,你肯定能行。

↓

✓ 合适 的说法

> 这个工作我想交给你,
> 如果有不懂的地方尽管来问我。

如果只说"你肯定能行",听起来像是把任务强加给对方。

有时我们出于好意，想要表示一下对对方的尊重，称赞一下对方，结果反而会招来对方的反感。"你肯定能行""如果是xx的话肯定能行"这样的说法就是其中之一。

如果是双方一起在做一件事，出于鼓励的目的这样说其实没什么问题。可如果对方完全没什么头绪，而你却对对方说"这个你来做吧，你肯定能行"，这就像是在强行把工作推给对方。次数一多，对方也会丧失对你的信赖。

为了避免这种负面效果，可以在后面多加一句话表示自己会提供帮助，例如："这个工作我想交给你，如果有不懂的地方尽管来问我。"短短的一句话，也会让对方的心情变得完全不同。

还有一点要注意的就是，当对方说自己"做不到"，或者"以前没有做过类似的工作"时，也不要对对方说"没事的，你肯定能行"。对方可能会向公司投诉，说你没有尽到指导的义务。明明是出于好意想要安慰对方，结果却是遭到投诉，这就有点弄巧成拙了。

所以为了避免产生误会，不要只对对方说"你能行"。一定说清楚自己这样想的理由，给对方提供必要的帮助。

第 31 条

✕ 不合适 的说法

> 这可太让人难受了。

⬇

✓ 合适 的说法

> 原来发生了这样的事情。

负面的词语会让对方变得更加消极。

当别人向你讲述一些消极的事情，比如自己遇到了什么糟糕的事，或是努力过后却没能取得相应的结果时，你会不会下意识地附和对方，说"那真是太可怕了""这可太让人难受了"？

即使你并没有什么恶意，但是在对方看来，这样一句消极的总结总有一种"与我无关"的感觉。你本来是想为对方着想，然而却成了伤口上撒盐，导致人际关系恶化。所以，在面对消极话题时，发言更是需要慎重。

当你想要第一时间回应对方时，最保险的方式就是将对方说的话原样重复一遍。"所以说是发生了……的事""也就是说结果没有符合你的预期"，像这样，只要将对方说的话原模原样重复一遍就可以。这也是心理咨询时常用的对话方式。

当对方自己使用比较消极的词，例如"实在太遗憾了"或者"太让人难受了"的时候，我们用同样的词应该也不会有什么问题。但是一定要注意不要用比对方更加消极的词。在这种时候多为对方考虑一点点，就会让对方更愿意对你倾诉。

第 32 条

✗ 不合适 的说法

你应该不知道。

↓

✓ 合适 的说法

你可能也知道。

讲话时以对方不知道作为前提，会让对方觉得你很自以为是。

当你想要告诉别人一个秘密，或是其他大多数人都不知道的事情时，应该怎么说才合适呢？

很多人会在话的开头加上一个多余的前缀，例如"你应该不知道，有这么一件事"，或者"你可能不知道，那件事其实是这样的"。此时，即使说话的人没有什么恶意，潜意识里也可能是想要彰显一下自己的优越感，因为自己即将告诉对方一件"其他人都不知道的事"。

然而，在说这句话时，"我消息比你灵通，所以你不知道，而我知道"的意思已经显而易见，只会让人觉得你很高高在上。所以这样的表达方式其实是不礼貌的。

因此，即使你要说的事情对方百分之百不知道，也不要说"你应该不知道"，考虑到对方的感受，还是说"你可能也知道"比较好。

如果对方听到以后觉得很惊讶，也一定不要摆出一副"怎么样，我就说你不知道吧"的态度。

当自己站在比对方更有利的立场上时，言语中会很容易不小心流露出优越感。因此，越是自己处于优势，越要注意在谈话中将姿态放低。不要一不小心多说一句话，让对方误会你是一个瞧不起别人的人。

第 33 条

✗ 不合适 的说法

不用管我。

↓

✓ 合适 的说法

我遵从大家的意见。

"不用管我"这句话其实是为了吸引大家的注意。

无论是在工作中还是生活中，都会有需要很多人一起来做决定的时候。这种时候为了表示客气和谦虚，你有没有说过"你们不用管我，你们决定就行"这样的话？这样的说法表面上看起来是想表达自己无所谓，但其实暗含着增加自己存在感的意图。如果说得更夸张一些，在说出这种话时，"我"想强调的其实是"大家一定不要忽视我"。

事实上，面对这种人，如果真的不参考他的意见，他听到大家得出的结论后可能马上会改口："这样不行吧？我反对。"更有甚者，还会很不满地发牢骚："我虽然说不用管我，但是连说都不跟我说一声就做了决定，这也太过分了，我没办法同意。"

如果你没有这种想法，只是单纯想将决定权交给他人，可以说"我遵从大家的意见"，或者"我同意由xx来决定"，表示自己会接受其他人的决定。如果想提出意见，也可以事先表达出来，比如："除了……以外我都能接受。"如果你的主张表达得很清楚，那其他人也可以更加顺利地做出决定。

最后，当大家向你汇报决定的结果时，也最好礼貌地向大家表示感谢："我知道了，大家讨论辛苦了。"简短的一句话，就会给别人留下很好的印象。

第 34 条

❌ **不合适** 的说法

总比……要好吧。

⬇

✓ **合适** 的说法

你已经非常努力了。

用别人来做比较，只能带来一时的安慰。

假如有一个人因为调任申请没有通过而心怀不满,他的同事如果安慰他说"总比连申请都做不到的临时工要好吧",那这个人会怎么想呢?

再或者,当孩子在足球比赛中落败时,有的家长会安慰孩子说"你们已经比 xx 队表现得要好了"。这种将对方和别人进行比较,安慰对方说"你已经不错了"的方式,其实并没有考虑到对方的心情。这种安慰只是流于表面,反而会让对方内心更加不平,感觉窝火罢了。从根本上来说,这种"比较"的方式本身就是错误的。

善于与人沟通的人都会坚持三大原则,那就是"不否定别人""不用自己的想法揣测别人"以及"不和别人比较"。而"总比……要好"与第二条和第三条相冲突,所以说起来并不合适。

如果想要鼓励对方,可以表达你自己的感受,或者将对方的过去和现在做比较。比如同事的调任申请没有通过,你可以说"希望能早日实现"。如果孩子在足球比赛中落败,你可以说"和之前的比赛相比,你在 xx 方面已经进步了很多,继续加油吧"。

如果对方染上疾病,或是意外受伤,我们也不能主动说"只是这种程度已经该知足了"。这种话还是得对方自己说才行。

第 35 条

✕ 不合适 的说法

你看起来状态不太好，要不去医院看看吧。

↓

✓ 合适 的说法

这个月你迟到x次了，这样下去会影响工作，去医院看看吧。

即使是好意关心对方的身体，也有可能会招来麻烦。

当看到下属或是同事的状态不好，感到有些担心时，很多人会出于好意询问对方："没事吧，是不是哪里不舒服？"或者："你看起来状态不太好，要不去医院看看吧。"

然而这样的表达方式可能会招来误会。对方如果没觉得自己有什么不舒服，被当成病人自然心里会不舒服，再或者对方明明没有不舒服，听到这样的话反而怀疑自己是不是哪里出了问题。这样即使你的关心是出于好意，也会被人当作是一种侵扰。

有的员工不喜欢被当作病人看待，或者觉得这种问候属于多管闲事，甚至有可能直接向公司投诉，所以这种涉及别人私事的话还是不要轻易说出口为好。

当然，这里也有例外。如果对方看起来明显身体出了问题，迟到和缺勤也很多，对公司的业务产生了影响，那就是另外一回事了。此时可以直接告诉对方"这个月你迟到 X 次了，这样下去会影响工作，去医院看看吧"，以具体的事实为根据提出建议。此时的重点并不是"你的身体不好"，而是"影响了工作"，这样将自己的立场放在业务管理上，就没有问题了。这样说的话，对方也会察觉到自己的迟到影响到了公司，需要采取一些必要的措施。

特别是在面对心理方面出现问题的员工时，更要多加注意，不要让自己的话语给对方造成伤害。

05

称赞别人

被别人称赞是一件很开心的事。每个人都容易对称赞自己的人抱有好感。但是很多人一想到称赞别人，脑子里只会浮现出"真棒""厉害""真不错"等词语。而在工作中，如果只会将这些词挂在嘴边，别人听上去会觉得你不太真心，像是在刻意讨好。

　　如果想要通过称赞对方让对方鼓起干劲，那就一定不能只称赞对方的工作结果，还要肯定对方的工作过程。例如，当你想表扬部下整理的资料报表时，可以说"你整理的数据非常清晰明了，真是帮了大忙"。像这样，明确地说出对方哪里做得好，起到了什么样的作用，会更好地提高对方的工作热情。

　　与此同时，在称赞对方的努力和工作结果之余，如果还能向对方表示一下感谢，那效果会更好。当对方感受到自己存在的必要性，或者获得了他人的认可，其工作积极性也会大幅提高。学会这种让对方开心并且充满干劲的称赞方式，一定会对您未来的工作和生活大有助益。

上次我们做的汇报通过啦！
刚刚接到电话！
哇！
这次的资料做得非常清晰易懂。
大家天天努力加班到很晚。
做汇报的时候条理也非常清晰。
谢谢
真的是对你刮目相看了！
厉害啊！
谢谢您……
哈、哈、哈
真棒！
这是为什么呢……听到这样的称赞一点都不开心……
真棒！
刮目相看啊！

第 36 条

✗ 不合适 的说法

真棒。

↓

✓ 合适 的说法

你……方面做得真棒。

只说"真棒"的话，听起来有些不真诚，像是在讨对方欢心。

"厉害""真棒"在称赞别人时很常用。但是如果用的次数太多，听起来就像是在阿谀奉承、特意讨好别人，会给别人带来不好的印象。

　　其实"厉害""真棒"这种评价别人的词多多少少会显得有些高高在上。其完整的含义是"你竟然能做到这样的事，真是了不起"，用在长辈或是上级身上会有些不礼貌。就像员工不可能对领导说"今年公司业绩这么好，您真棒"一样。

　　在称赞自己的后辈或是部下时也要注意说明具体的理由，例如"你刚才的解释非常简单易懂，真棒"，或者"刚才的会议你主持得很好，真厉害"。这样就可以避免产生负面效果。

　　如果只会含混笼统地称赞自己的部下，也会让部下变得更加功利，只为了获取表扬而努力工作。这样一来，一旦没有了上司，部下也就会失去工作的动力。

　　同时还要注意，像"真不错，你只要认真做也是能行的嘛""真没想到你还挺厉害的"之类的话也要少说。这样的表达方式听起来让人分不清是称赞还是讽刺，只会让对方心里窝火。

　　所以说，想要称赞对方时，也要谨慎选择用词，不要把"真棒""厉害"当作万能词汇天天挂在嘴边。

第 37 条

✕ 不合适 的说法

我对你改观了。

⬇

✓ 合适 的说法

你现在都能完成这样的业务了，我很高兴。

"改观"这个词有些高高在上，一旦用错很容易招来对方的反感。

很多人将"改观"当作褒义词使用,但是实际上这个词也有"原来对对方的印象不好,而现在印象发生了扭转"的意思。

也就是说,这句话可能意味着,之前你对对方的评价是负面的,而某件事情导致你的想法发生了改变,变成了正面的评价,所以用来称赞别人有些不妥,还会有一些高高在上的感觉。

当然,在上下级关系很明确时,自己的下属如果改正了缺点,或是克服了自己的弱点,也可以用这种说法。但是也一定不要忘记说出自己改观的理由和自己现在的感受。

比如,我们可以说"你现在都可以完成这样困难的工作了,我真是对你改观了",或者"你刚进公司的时候,我真的很放心不下你,现在你已经进步了这么多,我完全改观了"。这样将自己的感受和理由传达给对方,对方也会开心地接受。

反之,如果只是说"我对你改观了",对方会觉得自己被瞧不起,产生厌恶感。

所以请记住,"改观"这个词一定要慎用。只有在自己的部下通过努力取得优秀成绩,而你完全认可了他的进步时,才能用这个词来称赞对方。

第 38 条

✗ 不合适 的说法

虽然年轻,但是做得还不错嘛。

↓

✓ 合适 的说法

你做得不错。

一定不要用年龄和性别来评价别人。

即使是夸赞的话语，提及年龄也同样属于歧视发言。

"虽然年轻，但是做得还不错嘛"这句话，如果拆开来看，就会变成"明明这么年轻，没有什么经验和知识，但是却顺利完成了工作，真是出人意料啊"。这明显属于年龄歧视的一种。同样的，"虽然是个女孩，但是还挺努力的嘛""家里有孩子，竟然也能加班到这么晚"，这些话同样也具有歧视性。

这两句话明显是基于"女孩肯定没法吃苦，靠不住"和"家里有孩子的人肯定不肯加班"这样的偏见，属于禁语，应该红牌罚下。

像这样，基于对方的属性，将自己单方面的价值观强加到对方的身上，一旦伤害到对方，或是让对方产生反感，就可能被判为性骚扰或者职权骚扰。

所以在这种情况下，不要去提及对方的年龄。无论对方是年轻人还是小孩，一句"你做得不错"就已经足够了。

反之，如果年轻人对老人说"您都70岁了，电脑还能用得这么熟练，真是太厉害了"，也是同样的道理。对方一定会觉得你这是看不起老年人。如果单纯说"您电脑用得真是熟练，太厉害了"，那对方也一定会很高兴，诚恳地接受你的夸赞。

第 39 条

✗ 不合适 的说法

这样就行了吧。

↓

✓ 合适 的说法

我觉得这样可以。

敷衍的回答容易让对方感到不快。

"这样就行了吧"和"这样可以"看起来似乎没有多大的区别，然而听者的感受却完全不同。

"这样就行了吧"听起来像是"做到这个程度也勉强可以接受吧"，有种敷衍了事的感觉。甚至有些人可能会觉得这种说法像是一种挖苦："你做的东西也就只能这样吧。"而另一种说法"这样可以"则是直接表达了对对方工作的肯定，不会引起误会和反感。

还有一些人在回答时会选择使用疑问句，例如："这样应该可以吧？"这样说的话，对方也会觉得心里没底。因为这样问的意思似乎是"虽然不是不好，但是我也不好说，你自己判断吧""差不多在及格线上"，对方很容易将这样的答复算作是负面评价。

所以，如果觉得对方做得不错，就不要说多余的话，直接用最简单直接的方式表达即可，例如"可以""我觉得很好"。

如果觉得有需要改进的地方，可以先肯定对方，再加上自己的改进意见，比如："我觉得很好，如果这里改一下的话就更好了。"这样的话，对方也更容易诚恳接纳你的意见。

第 40 条

✗ 不合适 的说法

你资料做得还不错啊。

↓

✓ 合适 的说法

你资料做得也不错啊。

一字之差就会让称赞变成嘲讽。

我在本书的第 25 页曾经对比过"你今天看起来好可爱"和"你今天看起来也好可爱"这两句话的区别。一个"也"字就会让整句话的含义出现巨大的变化。即使本意是想称赞别人，如果只是强调对方"某件事"做得还不错，也容易引发误会。

　　这样的说法很容易让对方误以为自己其他方面做得都不好，只有这一方面还可以。在女生之间的交谈中，有时对方会不假思索地直接指出"应该是……也做得不错才对吧"，但这不是所有人都能做得到的。

　　如果和对方是工作关系，对方肯定不会这样反驳回来。为了避免让对方心里压抑着不快，在称赞对方时，还是要对自己的语气和用词多加注意才好。比如，如果称赞对方"这个资料做得格外好"，这就意味着对方平时做得也很好，不会让人多想。

　　即使本意是称赞对方，如果用词不当也会引发矛盾。因此在说话前，最好先想想自己听到这样的话时会怎么想，这样才会保险一些。

第 41 条

✗ 不合适 的说法

> 你真有手腕。

↓

✓ 合适 的说法

> 你工作的效率真高。

"有手腕"带有讽刺的意味,容易让对方感到不快。

用"有手腕"来称赞别人非常危险。因为这句话具有一定的负面含义,既可以表示对方做事很有技巧,又可以表示对方很有心机。

听到这样的称赞,对方很容易就联想到后者的负面含义,觉得这是一种讽刺。特意跑来对对方说这种话,听起来就像是心怀嫉妒,对方可能会从此与你保持距离,觉得你是一个心胸狭窄、很难相处的人。

如果不想让人际关系出现裂痕,就需要换一种表达方式。在称赞对方时,可以针对对方某一个具体的行动,比如"你工作好有条理""你做事真麻利""这么难的工作你都能顺利完成"。

只是大家需要注意一点,那就是"表情"。称赞很容易被误解为嫉妒,如果表达方式出现问题,就会给对方带来不好的印象。很多人在称赞别人的时候,眼睛里并没有笑意。当你面无表情地称赞对方,对方会觉得你并不是出于真心。所以在称赞别人时,请不要忘记带上笑容。

第 42 条

✗ 不合适 的说法

没想到你竟然挺能干的嘛。

↓

✓ 合适 的说法

关键时刻很靠得住啊,这次多亏了你。

使用"没想到"这种说法,相当于说对方平时的表现都很一般。

当自己的下属在意想不到的情况下发挥实力时，有的人会称赞对方"没想到你竟然挺能干的嘛""紧要关头你还是能起到作用的嘛"。

需要注意的是，这句话意味着"你平时表现都很一般，没想到紧要关头还是能做点事的，平时也应该再认真点"，听了会让人有些不舒服。有些人听到这样的话，会觉得自己被别人看不起，甚至感到沮丧。

如果单纯想要称赞一下对方，可以说"关键时刻很靠得住啊，这次多亏了你"，直接表达自己的感谢。加上"多亏了你""谢谢你"，就能将自己的真实情感传达给对方。

类似的，还有"你很擅长逆风翻盘啊""你抗压能力挺强啊"之类的说法，这些话有时候听起来会像是在揶揄对方。

所以，如果想称赞对方，用最简单的方式即可。同时，一定要将对方给自己带来的感受一起传达给对方。

只要记住这两条原则，就可以防止对方误解你的意思，避免造成日后的遗憾。

第 43 条

✗ 不合适 的说法

我真是服了。

↓

✓ 合适 的说法

您的话给我带来了很大的启发。

对自己的上司说"我真是服了",只会让上司的心里感到不爽。

"服了"这个词有两种用法：一种是在表示对方的行为或是能力很优秀，让自己很感动；另一种则是用来批评别人，表示自己很无语。

无论是哪一种用法，都属于在评价别人，所以虽然对自己的下属或是后辈用这个词没什么问题，但是用在上司和长辈的身上会显得很不礼貌。

比如，在公司活动中如果出现了事先没有预料到的情况，而自己的下属在关键时刻稳住了大局，我们可以称赞他说"你的判断力和行动能力真的很强，这次我真是服了你了"，或者"这次你的演讲做得非常不错，我真是服了你了"。大人可以表扬孩子说"你好聪明啊，真棒"，也可以表扬自己家的狗说"你都学会坐了，真厉害"。但如果学生对老师说"您的课讲得特别清楚，真棒"的话，老师一定会觉得有些不爽，心想"这孩子怎么说话没大没小的"。

在面对自己的上司或是长辈时，我们可以说"听了前辈的话，我真的很感动"，或者"老师的话给我带来了很大的启发"，这样就会更礼貌一些。

而如果对方是公司的董事长或者其他公司的重要领导，我们就需要用更敬重的语气，比如"您真让我敬佩"，或者"您的一席话让我感慨万分"，这样会更加显示出对对方的尊重。

第 44 条

✗ 不合适 的说法

你运气真好啊。

↓

✓ 合适 的说法

运气也是实力的一部分。

如果只称赞对方运气好，相当于说对方实力不足。

有时，即使一个人的实力没有发生变化，偶然的机遇也会让他的事业突飞猛进，就像天上掉馅饼一样。旁人可能会觉得这个人的成功是因为运气好，但如果当着其本人的面这么说，对方会觉得自己的实力没有得到认可。

其实即使是因为运气好，取得成功结果的关键也在于他本人。如果旁人只将成功的原因归结于"运气好"，无论是谁都会有些气愤。这相当于是说自己的实力没有得到周围人的承认，而这次的成功只是一次偶然。

在这种情况下，如果说"运气也是实力的一部分"，那就不会出现问题了。

"竞争对手之所以放弃，可能是因为听到你的演讲之后，觉得自己没有胜算"，像这样，找一个理由来称赞对方，对方自然也会谦虚一下，说自己只是运气好罢了。

假如你的一个朋友在申请学校时被放在了等待名单里，结果几天后接到了录取电话。此时，如果对对方说"你运气真好"，那听起来就有些酸溜溜的，像是不肯服输一样。还是大大方方地告诉对方"这也是你努力得来的结果"比较好。

在身边的人取得成功时，发自内心地称赞对方，为对方加油，相信大家都希望自己能够成为这样的人吧。

06

答复别人

我几乎可以断言，善于处理人际关系的人在交流中一定更会更多地替对方着想，照顾对方的心情，而不是只在乎自己的立场。特别是在答复别人时，很容易无意间流露出自己的情绪。当我们感到烦躁或是不满时，回答的方式和态度，甚至表情，都会让这种心情展露无余，很容易引起摩擦。

话虽如此，也没必要一直对对方笑脸相迎，鞍前马后，接受对方提出的所有要求。只是要注意，在答复对方时不要过多地掺杂个人情感，而是保持一种中立的态度。在表达自己的想法和意见之前，先理解对方的意思。如果搞错了顺序，自己先在答复中流露出负面的情绪，对方可能会怀疑你抱有敌意。

所以我们要记住，先倾听对方的发言，抱着开放的态度去对话。在此基础上阐述自己的意见，也能让对方心平气和地对你敞开心扉。

前辈……上次我去客户那边，发生了这样一件事……
您能听我说吗？
嗯，发生了什么？
当时先这样，然后我想那么做，结果变成了那样，嗯……然后……
没完没了
他到底是想说什么？完全听不懂。
烦躁
你最想说的一点
突然出现
是什么？
其实……
嗯，嗯。
原来是这样。
倾听达人！

第 45 条

✕ 不合适 的说法

> 总而言之，你到底想说什么？

↓

✓ 合适 的说法

> 你最想说的一点是什么？

面对表达能力差的人，在变得不耐烦之前，先向对方确认要点。

在和下属或者后辈讨论工作上的问题时，如果对方一直说个没完，你是不是会感到很焦躁？听到对方从头到尾地说"现在这个……后来那个……然后这个又……"，你会不会忍不住回他一句"所以你到底想说什么""你是想问我什么"？

然而此时需要注意，如果这样回答，对方可能会误以为你不愿意指导下属，不好好听别人说话，反而去投诉你。

如果双方所共有的信息比较少，不能马上把握整体情况，可以对对方说"请用我能明白的方式说明一下"。如果时间比较紧迫，可以说"请用10分钟左右的时间说明一下"，这样对方也能心里有数。

如果对方说的内容还是条理不清、很难理解的话，可以直接问对方他的要点是什么，比如"你最想说的一点是什么？"或者"你最想问的是什么？"

在做心理咨询的时候，很多咨询者都是想到哪儿说到哪儿，导致话题会扯得很远。这样一来，咨询者自己也会感到混乱，不知道自己想说什么。在这种情况下，可以问对方："你最担心的事是什么？"把想说的内容按照优先度排序。这个技巧也可以应用在工作之中，请大家试试看。

第 46 条

✗ 不合适 的说法

好好好。

↓

✓ 合适 的说法

好的，我知道了。

连续说三个"好"会有些不礼貌。一句"好的"就足够了。

在听别人说话时，如果觉得有些不耐烦，很多人会在答话时将"好"重复三次，变成"好好好"。例如当你对对方说的内容不感兴趣，只是装出一副在听的样子时，或者当对方的自我表现欲过强，一直说个没完没了的时候，很多人都会用一句"好好好"来随声附和。特别是习惯自己掌握主动权的人，很容易将这句话变成口头禅。有时候孩子嫌父母啰唆，也会用这句话来随声附和。

而无论在什么情况下，对方听到这句"好好好"都会意识到你其实心不在焉，心情会一落千丈。"对对对"也是一样，有些人会没完没了地重复一个字，让人觉得烦躁。

在专业的心理咨询师中，也有人会误以为"只要一直嗯嗯地点头，对方就会觉得我听得很认真"，所以在做咨询时，总是不停地点头。但实际上，这样附和的次数过多，有时候会起到反作用。相比之下，其实慢慢地点头看起来会更加认真投入。

一句回复看似很微不足道，但实际上却有着重要的意义。"一个词只说一遍"是交流的铁则。

如果是非常亲密的朋友，那答话的方式可能并不重要。但是在工作中，坚决不能用这种敷衍的"好好好"来答复对方。这一点请大家一定要记住。

第 47 条

✗ 不合适 的说法

> 这样啊。

↓

✓ 合适 的说法

> 我理解您刚才说的。

一直随声附和，会让对方觉得你心不在焉。

很多人在工作中会用"这样啊"来附和别人。这句话虽然很好用，但是频繁使用也会让对方觉得你心不在焉。

如果想要向对方表示你理解了，那就需要说出你具体理解了哪些内容，而不是单纯地附和，例如"原来是这样，整个过程中经历了这么多的困难，所以最后才能取得圆满的结果"，像这样加上一句简短的概括即可。

话虽如此，很多人已经把"这样啊"当成了一句口头禅，改起来也并不容易。在这种情况下，可以试着把"这样啊"改成"原来是这样啊"，大家平时可以多注意一下。

类似的表达方式还有"是吗"。和表示理解的"啊"不同，句尾如果是"吗"，会给人一种疑惑的感觉，更容易让人觉得你没有在认真听。

在跟别人对话时，"同理心"非常重要。所以最好不要只用一句"是吗"来终结对话。使用时可以多加一句话，来概括对方想要表达的内容，例如"是吗，你肯定很担心你家孩子"，或者"原来是这样吗，这次的项目竟然遇到了这么多困难"。

第 48 条

✗ 不合适 的说法

我不知道要做啊。

↓

✓ 合适 的说法

是我没有确认清楚,非常抱歉。

不要被卷入对方的情绪中,冷静的应对会增强对方对你的信任感。

当别人指责你说"这个怎么没做""为什么这个工作还没开始"的时候，大家会如何回答呢？如果是因为没有接到通知，很多人可能会回答"我不知道要做啊"或者"没人告诉我啊"。但事实上，这种回答方式听起来只是找借口推卸责任，相当于是在说"这件事不是我的错"。

在这种情况下，一般有两种可能性：一种是自己真的没有责任，只是工作没有通知到位；另一种则是因为自己没有将分内的事情确认清楚。

如果是第一种情况，那可以回答"这件事我没有接到通知，能否请您再确认一下"，让对方看看是不是指示和联络方面出现了问题。这种情况一定要稳重礼貌地应对，不要去指责别人没有联系自己，更不要冲别人发火，说自己有多么事务繁忙。而如果是第二种情况，那一定立刻承认错误，向对方道歉，这样才能显示出自己的诚意。

无论是哪种情况，推卸责任都会使对方失去对你的信任。而互相推诿只会让大家都没面子，无法解决任何问题。所以即使是别人有错，也不要一味地指责，如果错在自己，一定要立刻坦诚地道歉。这样一来，对方也能够马上冷静下来，对你的信任感也会增强。

第 49 条

✗ 不合适 的说法

我会考虑的。

↓

✓ 合适 的说法

我考虑一下,下周给您答复。

如果分不清客套话和真心话,有可能会出现麻烦。

"我会考虑的"是一句很便利的答复，大家在工作中经常会使用。这句话通常有两种含义，一种是变相的拒绝，另一种是需要回去后仔细确认一下再给出答复，所以使用起来很容易导致误会，引发不必要的麻烦。

为了避免这种情况，首先就要学会拒绝别人。比如我们可以说"现在的情况有点困难"或者"时间上赶不及"。如果不是想拒绝，那就给对方一个具体的期限，比如"我回去和上司讨论一下，下周给您答复"。

但是一定要注意，不要让对方的期望值过高。人都会不由自主地期待好事发生，而一旦期望值过高，最后没能实现时的失望值也会翻倍。

到了那个时候，有的人会觉得恼火，心想"如果要拒绝的话不如早说"，有的人则会失去对你的信任，觉得你说的话靠不住。为了规避这样的风险，一定要事先想好这件事实现的可能性有多少，再判断是否告诉对方"可以考虑"。

第 50 条

✗ 不合适 的说法

我也是,我也是。

↓

✓ 合适 的说法

原来你是这样想的。

强行"同感"会让对方对你产生依赖,也容易使你成为对方攻击的对象。

"同感"和"同理心"看上去很像，实际上则完全不同。"我也是我也是"属于同感的表现，会让对方觉得"你懂我"，然后对你产生依赖心理。而这就导致，如果你没有像对方期待的那样做出反应，对方就会觉得自己遭到了背叛。一旦两人的意见产生分歧，对方就会很恼火，觉得你其实根本就不理解他。所以说"依赖"和"攻击"其实只有一线之差。

　　因此，在做心理咨询时，我们一般都不会使用"同感"的方式。即使对方的经历跟自己很相似，描述的感觉也与自己完全相同，也一定不能说"我也是"。在这种情况下，我们一般会使用"同理心"的方式，将焦点集中在对方的感受上，比如可以说"原来你是这样想的"。

　　如果经常使用"我也是，我也是"这种"同感"的表达方式，双方的心理距离会迅速拉近，形成伙伴意识。这在女生的小团体中经常出现。而与此同时，心理上的依赖对象也很容易成为攻击对象，一旦发生些什么事情，就可能会被排挤，甚至发生欺凌事件。

　　家人也是同样，原本的互相依赖很容易转为互相攻击，甚至是升级变成家庭暴力和虐待。为了避免这样的情况，即使对方是自己的孩子或伴侣，也要注意保持"同理心"，而不是"同感"。

第 51 条

✗ 不合适 的说法

> 我知道，我知道。

⬇

✓ 合适 的说法

> 我也是前几天刚刚知道。

滥竽充数、不懂装懂只会让自己受到损失。

有的人一旦在谈话中听到一件自己知道的事，就会立刻打断别人的话说"我知道，我知道"。在对方看来，这相当于是在说"这种事我早就知道了"，心里多少会感到有些不痛快。更有甚者，还有的人会不懂装懂。结果越往下说越发现双方根本说不到一起去，只会给彼此带来尴尬。

就算是真的知道，也最好换一种说法，比如"我也是前几天刚刚知道，那件事真是令人震惊"。这样就能够巧妙地将话题接下去，对方也不会感到不愉快。

还有的人习惯用"我知道，我知道"来展示自己的优越感。为了不让别人占上风，总想装出一副自己也懂的样子。然而，这样做其实是自己挖坑自己跳。因为如果一个人无法承认自己的无知，那也就永远无法向别人请教。

因为我是一名讲师，所以经常会有听课的人来询问我对各种事情的看法。我的一个同事曾经跟我讲过这样一件事。当时一名听讲的观众询问他对于某新闻有什么看法，而他因为没有听说过这件事，只能回答说自己孤陋寡闻，不太了解。结果这名观众当场告诉他，其实这件事情是编造出来的，但是很多人都会谎称自己听说过。听完这件事，我也有些心有余悸。有时在特定的氛围下，很容易为了面子而不懂装懂，一旦碰到这种来试探的人就会瞬间功亏一篑，所以一定要多加注意。

第 52 条

✗ 不合适 的说法

不必担心。

↓

✓ 合适 的说法

我觉得自己可以完成。

即使对方的关心有些多余,也不要回绝得太直接,让对方难堪。

当别人来确认一下交给你的工作进展是否顺利时，你会不会回复对方"不用担心""我能做好"？

其实这样的回答方式往往意味着"你不要管我""你这是多管闲事"，容易给对方留下不好的印象。对方听了可能会感到有些恼火，因为明明是好意想关心一下你，你却拒人于千里之外。

在这种情况下，如果工作真的进展顺利，可以对对方说"请放心交给我吧"，或者"正在按预订计划顺利进行"，这样就不会触怒对方。反之如果你对工作的进展也有些不安，可以回答对方说"如果出现什么问题我一定会第一时间跟您汇报，到时候还请您能多加指点"，这样对方也就会安下心来。

然而，如果对方怀疑你的能力，或者是过来催促你"那个工作你有好好做吗""上次交给你的工作什么时候能弄好"，你肯定也会感到很恼火，心想"不用你说我也知道""我这不是正在做吗"。

但是在工作场合，一定要注意控制好自己的情绪，此时最好能冷静地回答对方"现在正在顺利进行"，或者"大概还有三天能做完"。如果当场把负面情绪宣泄出来，还会引来更多不必要的麻烦，占用更多的时间，所以还是不带情绪地回答比较好。

第 53 条

✗ 不合适 的说法

骗人的吧？

↓

✓ 合适 的说法

真的吗？

突然被别人怀疑，会感到委屈。

当别人说的话让我们感到震惊时，如果第一反应是反问对方"骗人的吧"，这就相当于直接否定了对方，告诉对方"你说的话我没法相信"。换个角度想想，如果听者摆出一副半信半疑的态度，那说话的人肯定会感觉有些扫兴，不想再继续说下去。所以，就算是对方说的内容让你难以置信，也要用肯定性的词来反问，比如"真的吗"，这样对方也可以顺其自然地回答你"真的真的，然后……"，将话题继续下去。

同样的，有些年轻人还习惯用"你在逗我"之类的表达方式来表示震惊，这在工作中是非常不合适的。特别是当对方是自己的前辈或上司时，这么说话会给对方留下不懂礼貌、太过轻浮的印象。所以，在和前辈或上司说话时一定要注意用词，"你在逗我"之类的网络用语不要轻易用在职场之中。

类似的，我们在惊讶时还经常会说"难以置信"。这属于感叹词，表示对方说的内容非常令人震惊，并不是否定对方本人。

然而为了避免给人一种疑神疑鬼的感觉，在说完"难以置信"以后，最好再加上一句"原来还有这种事"，来表示你接受了对方的话。如果说话不经过大脑，给对方造成不好的印象，最后的恶果都只能自己来承担，请大家一定多加注意。

第 54 条

✗ 不合适 的说法

要是能做的话我就做。

↓

✓ 合适 的说法

我先确认一下能不能做再联系你。

模棱两可的回答最让人头疼。

当别人向你提出请求时，如果无法当场答应下来，你会不会用一些模棱两可的回答来搪塞过去？而站在对方的角度来看，面对这种不置可否的回答，肯定会感到困惑。

在无法立刻给对方答复时，还有很多人会说"我考虑一下"。这种回答方式则更为过分，会让对方陷入苦等。如果无法当场给出答复，可以给对方一个确定的期限，比如"我先确认一下能不能做，明天给您答复"。如果需要一定的时间考虑，可以对对方说"能不能给我一点时间考虑一下？因为我还要兼顾其他工作，所以下周再答复您"，这样提出一个明确的期限，对方也可以斟酌一下自己能不能等下去。

最不可取的，就是给对方过高的期望值。有些人因为不好意思拒绝别人，所以即使自己做不了，或者不想做，也会留下一句"要是能做的话我就做"这样模棱两可的回答，给对方一些希望。

这就会导致，当你最终告诉对方自己做不了的时候，对方会觉得自己遭到了背叛，心想"那你为什么不一开始就告诉我"。这样的做法会让别人失去对你的信赖，所以如果想要拒绝，一定要早一点告诉对方，这样才能让对方的损失也降到最低。

第 55 条

✗ 不合适 的说法

以后你就知道了。

↓

✓ 合适 的说法

等定下来以后我会跟你详细说。

不要故弄玄虚，把"能不能说"
以及"什么时候可以说"明确地告诉对方。

当你问别人一个问题时，如果对方回答你说"以后你就知道了""现在我还不能告诉你"或者"这件事你不必知道"，你会怎么想？这样的回答就仿佛是在说"我知道，但是不能告诉你"，会让人有一种自己遭到了排挤的感觉。

如果这件事目前暂时还不能跟别人讲，我们可以说"虽然现在这件事还不能说，但是下次会在例会上公布的"，或者"这个月末会公布消息，等那个时候我再好好跟你说"，告诉对方一个具体的期限。

而如果这件事是只有内部人员才能共享的信息，可以告诉对方"实在不好意思，这个是客户的内部信息，不允许外传"。只要知道你有不能说的理由，对方也会表示理解。

类似的表达方式还有"这件事对你来说还太早了""说了你也不懂"。这就好像是在说对方没有相应的资格或是能力，很容易伤害到对方。

在这种情况下，最好把话说得具体一些，比如"等现在手头的工作都结束后再跟你说"。将现阶段的情况坦诚地告诉对方，这样有了具体的期限，对方也就更容易接受一些。

第 56 条

✗ 不合适 的说法

> 随便你，我无所谓……

↓

✓ 合适 的说法

> 我不同意。

乱用"随便"这个词，可能会给对方留下不好的印象。

"随便"这个词可以用来表示一种无所谓的心态或是态度，但是这么说的人内心通常是有些不服气的。即使是后面再加上一句"我都可以"或者"我无所谓"，也依然会给人留下一种闹别扭的感觉。同时，句尾的欲言又止也属于一种无声的否定，使整句话都表达着一种消极的态度。

之前曾经有一位女演员在话剧见面会上板着脸说了一句"随便"，结果遭到了很多人的批评和指责。由此也可以看出，说这句话的人很容易会被看作是在闹情绪，只会让别人对自己的印象大打折扣。平时喜欢把"随便"当作口头禅来用的人需要多加注意。如果总是对自己的另一半说"随便"这个词的话，很可能是因为双方的关系已经进入了冷淡期。

还有一个例子，那就是有些人在心理咨询的过程中也会经常说"这已经无所谓了……"。听到这句话时，我们通常会更加提起警戒。因为这里的"无所谓"往往并不是对方真的觉得"无所谓"，而是对方不得不用"无所谓"来进行自我安慰。同时，从对方欲言又止的态度中也能看出这其实并不是对方的真实想法。希望大家能够将自己的想法直接表达出来，不要总是指望别人体会自己的心情。

当然，我们也可以反过来利用这一点。当对方说"随便"的时候，正是我们询问其真实想法的大好时机。这样的表达方式背后很可能隐藏着对方没能说出口的真实想法。

第 57 条

✕ 不合适 的说法

反正肯定没戏。

↓

✓ 合适 的说法

我不是很自信,但是我会试试看。

把"反正"换成"试试看",使用积极的思考方式。

"反正"是一个典型的消极词汇。在接到别人的请求或委托时，很多习惯消极思考的人会在答复里加上一个"反正"，比如"反正肯定没戏""反正做什么都没用"。

"反正"这个词具有明显的防御倾向。用这个词的人通常没有自信，觉得自己做什么都无法成功，所以想要为自己拉起一道防线。这样到时候就算真的失败了，也可以说"果然不行吧，我早就说过了"，这样就为自己找到了一个借口，方便躲避对方的攻击。这种事先为自己找好退路、逃避责任的人，通常会给人一种缺乏工作热情的感觉。

另外，还有一些人很渴望得到别人的认可。他们总是说"反正我肯定不行"，但其实是希望对方告诉他们"没有这回事，你肯定能行"。他们总爱用"反正"这个词来吸引别人的注意，面对这种人，只要告诉他们"有什么困难的话来跟我说"就行，保持恰当的距离是比较稳妥的做法。

如果真的没有自信，可以跟对方说"希望您能在过程中多给我一些帮助"，或者"我不是很自信，但是我会试试看"。使用积极的表达方式，可以给对方留下踏实肯干的印象，请大家多多注意。

第 58 条

✗ 不合适 的说法

怎么又来了。

↓

✓ 合适 的说法

告诉我具体是哪里不懂,我来解释。

如果对方总是来问同样的问题,那也有可能是指导的方式不对。

当别人总是来问同样的问题时，你会不会不小心脱口而出"怎么又来了"？这句话很明显是对对方的重复提问感到了不耐烦。

以前，曾经有一位派遣员工来向我咨询，说自己问上司问题的时候，上司总是会说"怎么又来了"，搞得自己不知道该怎么问问题才好。反之，也有一个公司领导不停地问自己员工关于IT业务方面的问题，而该员工则对他发牢骚说"怎么又来了"。无论是哪种情况，这样的答复都容易被当作是"不配合工作"，还请大家多多注意。

如果对方总是来问同样的问题，可能是因为没有理解你上次做出的解释和说明。在这种情况下，没有做好指导工作的你也有一定的责任，所以一定要将需要做的步骤拆解开来，一个一个进行具体说明。

在指导别人的时候，如果给对方带来太大的压力，比如反问对方"这种事你总该懂吧"，会让对方不得不装出一副懂了的样子，点头附和。而如果指导的方式不够详细易懂，或者在指导上没有尽心尽力，甚至有可能会被对方投诉。

另外，如果对方对根本问题的理解出现偏差，那也很容易做许多无用功。万事开头难，所以一定不要嫌麻烦，跟对方确认清楚问题出在哪里，然后再耐心地给出建议吧。

第 59 条

✗ 不合适 的说法

没有没有。

⬇

✓ 合适 的说法

谢谢。

不过分谦虚可以提升对方的好感度！自嘲和自卑只会产生反效果。

日本文化中以谦虚为美德，所以很多人被别人称赞时会回答说"没有没有"。但是，如果过度谦虚，也会让对方感到不快，或是不得不继续安慰你。

　　如果你在工作中称赞自己的下属说"这次的工作很有难度，你做得很好"，此时，"谢谢，多亏了您的帮助"和"我还完全不行，差得远呢"这两种回应，是不是有很大的区别？后者这种谦虚其实完全否定了对方的好意，也是想通过自我贬低来获取更多的认同。

　　除了工作以外，兴趣爱好和穿衣打扮方面也是同样，很多人在被称赞时会回答"这个就是便宜货"。再或者，在别的家长表扬自己家孩子时，很多人也会特意贬低自己的孩子，说"我家孩子脑子很笨"。这些都会给对方带来不好的印象。

　　话虽如此，大家也会担心如果直接说"谢谢"的话，对方可能会以为自己有些自负。有一种解决办法是用"运气好"来推脱，比如"这件衣服我也很喜欢，当时多亏运气好才能买到"，或者"我家孩子这次考试运气确实不错"，这样对方也不会多想。在受到称赞时，要学会巧妙地接受和回应。

07

自我主张

"自我主张"，就是提出自己主张的意思。很多人一听到这个词就会往不好的方面想，但是无论在工作中还是在生活中，"表达自己的意见和想法"都是一件非常重要的事情。如果总是把想法憋在心里，会给自己造成巨大的心理负担，所以大家都希望能够学会一些巧妙的表达方式，来让对方更容易接受、理解自己的主张。

然而，很多人将"自我主张"和"以自我为中心"混为一谈，不考虑对方的立场和想法，一味地只说自己想说的话。甚至还有的人会通过否定或是批判对方，来展示自己的优越感，告诉对方"你是错的，而我是对的"。这样的表达方式，我相信大家都不愿意接受。

沟通的一条基本原则就是"我和你是不一样的人，所以意见出现分歧也是理所当然的"。心理学中认为，人生最理想的态度就是在肯定自己的同时也肯定他人，"I am OK, you are OK"。让我们在向对方表示尊重的同时，将自己的想法传达给对方吧。

最近总是买便利店的盒饭……
我下次也做便当来吧。
啊，你带了便当中午吃吗？
还是别了吧。
虽然我并没做过
反正你肯定坚持不下来的，每天都要做，很麻烦的哦。
用胳膊肘捅
呃
部……部长……
前辈！！
如果只做几个小菜的话，应该可以坚持下来。
其实不用每天，两天一次也可以的。
嗯？是这样吗？

第 60 条

✗ 不合适 的说法

别那样做。

↓

✓ 合适 的说法

因为……所以我觉得这样做比较好。

把自己的主观意见强加给别人会显得有些多管闲事。

上级对下级说话时，很容易做出主观的断言，例如"别那么做"。

比如当一个人说"我想做投资"的时候，另一方可能马上会说"别做投资，还是存起来更好"，而这只是将自己的主观意见强加给别人。比较保险的说法是"投资好像分很多种。我怕冒风险，所以还是把钱存起来比较安心"。这样并没有去"禁止"对方，而是将自己不这么做的理由告诉他，给出另一种选择。最终决定的是对方本人，把自己的意见强加给对方就会变成多管闲事。

如果无论如何都想给对方提意见的话，可以说"因为……所以我觉得这样做比较好"，单纯提出自己的看法。

在做心理咨询的时候，我们不仅不能把自己的主观意见强加给对方，甚至连意见都不会提。如果对方说"我想辞职"，那我们会说"你一定是有非常想辞职的理由吧"，来表示出自己的理解。就算我们觉得辞职这个选择不好，我们也只会问对方："解决掉什么问题才能不辞职呢？"毕竟这是对方自己的事情，只有在对话中牢牢把握住这一点，才不会让对方感到不愉快。

第 61 条

✗ 不合适 的说法

因为大家都这么说。

↓

✓ 合适 的说法

我是这么想的。

在阐述意见时，一定要用自己做主语。

小孩子经常会说"大家都这么说""大家都有，我也要"。这样说，是想要通过举出"大家"来强调自己主张的正当性。小孩子通常对自己的意见没有自信，所以想用这种方式让自己的主张更有说服力。但是正如我在本书第73页所说，用"大家"来让自己的意见更具有普遍性，这其实反而会降低自己话语的可信度。

"一般"这个词也是同样。面对经常说"一般""大家"的人，对方通常会感到疑惑，不知道具体指的是谁，反而对这个人的话半信半疑。

如果想让对方倾听自己的意见，可以说"我是这样认为的""我觉得……"。这样直截了当地说，对方也会感受到你的诚意。如果的确有其他人和你的意见相同，可以直接举出那个人的名字，让自己的话更有说服力。

在提出自我主张的时候，如果自己都没有想清楚，那肯定无法清晰地传达给别人。有的人在自己没有理清楚想法，或者是对自己的想法缺乏自信时，就会不由自主地扯上"大家""一般"来让自己更有把握。这样的人平时需要多注意从自己的角度出发，明确地传达自己的意见。只有这样，大家才能更认真地倾听你的发言。

第 62 条

✕ 不合适 的说法

这个绝对好用。

↓

✓ 合适 的说法

我觉得这个很不错,你也可以试试。

将自己的喜好强加给别人,就算是好意,也只会给对方带来困扰。

如果你有一个特别喜欢的东西，想推荐给自己的朋友，你会怎么说呢？此时如果说"这个绝对好用"，看起来就像是给对方施压一样。"好"与"坏"之类的看法通常是因人而异。如果将自己的价值观强加给别人，很容易好心办坏事。

另外，通常这样的人还很爱跑去问对方"怎么样？是不是很好用"，希望得到对方的认可。如果对方的反应没有达到自己的预期，就会陷入消沉，想不通对方为什么会感受不到这个东西的好处。像这样明明是自己要推荐给别人，要听别人的感想，结果却让对方产生了负罪感的人，实在让人想要敬而远之。

如果是出于好意，想给别人推荐东西，最好还是说"我觉得这个很不错，你也可以试试"比较好。如果这件东西的评价很容易因人而异，可以再加上一句"如果觉得不好用，可以送给别人"，这样也就给对方留下了拒绝的余地。

很多人会觉得如果是多年的好友，两人相处融洽，喜好也一定相投，其实这是一种误会。为了不好心办坏事，还是要多站在对方的角度考虑。

第 63 条

✗ 不合适 的说法

我没那样说过。

↓

✓ 合适 的说法

我是这样认为的……

如果想要解决问题，需要跟对方解释清楚，而不是找借口。

与他人意见相左、莫名其妙地被别人误会……生活中时常会出现"有理说不清"的情况。在这种时候，大家都想坚持认为自己是对的。当然，坚持自己的正当性这种行为本身并没有错，但如果不仔细斟酌用词，很可能会使双方的冲突升级为情绪的对抗。

在这种情况下，推卸责任是最不可取的行为。"我没那样说过""不是我的错"……就算自己真的没有做错，这样的说法听起来也像是在给自己找借口。

因此，此时首先应该对事实和情况进行说明，比如可以说"我是这样认为的……"，或者"我是遵照前辈的指示来做的"。

求知欲会让人想要查清事情的原委，所以在出现矛盾时，大家都想查明真正的原因。在发生冲突时，与其急于撇清自己，不如将事实原原本本地告诉对方，解答对方的疑惑。此时，对双方来说最重要的，就是将彼此的情况向对方说明清楚。

在双方对事实进行确认的基础上，共同商讨以后面对同样的情况应该采取怎样的对策，这才是维持良好合作关系的秘诀。

第 64 条

✕ 不合适 的说法

你好像听不懂我的意思。

↓

✓ 合适 的说法

我希望您能这样理解……

指责对方并不能解决问题,反而会引发冲突。

在讨论问题时，如果双方意见相左，导致对话无法取得进展，你会怎么做呢？此时如果变得情绪化，质问对方"你怎么就是不懂呢"，或者说"你好像听不懂我的意思"来表达自己的不满，只会导致冲突升级，让场上的气氛更加充满火药味。

"你为什么不能理解我？"这样的表达方式将"你"作为主语，明显是想要通过责备对方来迫使对方改变意见，容易引起对方不快。从对方的角度来看，你同样也没有理解对方的想法，这样的互相指责只会激化矛盾。

如果想要尽快解决问题，那就不应该去指责对方，而是应该将自己的想法传达给对方。

如果想要让对方理解自己，可以在对话中将"我"作为主语，比如说"我希望您能这样理解……"。

即使对方是自己的亲人或朋友，一味地指责和批评也只会给对方造成伤害。

在表达自己想法的同时倾听对方的意见，是构建良好信赖关系的基石。一味地指责对方只会两败俱伤，只有双方相互理解，才能最终走向共赢。

第 65 条

✗ 不合适 的说法

总之,你想说的就是……吧?

↓

✓ 合适 的说法

我可以这样理解吗?

用"总之"来总结对方的想法,相当于强行结束这段对话。

在听别人说话或是双方讨论的过程中，有些人总爱给对方做总结，比如说："总之，你想说的就是……吧？"或者："换句话说，就是……吧？"然而，这样的说法其实很不合适，有些高高在上。当我们想要让对方的发言快点结束，或者由于跟不上对方的想法，想要自己总结要点时，这样的话也很容易脱口而出。

特别是，当我们觉得对方的话太过冗长，要点混乱，内心有些焦躁不满的时候，很容易会用"总而言之""简单来说""换句话说"这样的词来打断对方的话，夺取话题的支配权。

这样单方面地为对方做总结，相当于是对对方说"你的发言到此为止了""我们已经懂你的意思了"，来强制终止对方的发言，很容易使对方感到不快。

适当地帮对方做总结其实并不是一件坏事。最重要的是一边向对方确认自己的理解是否正确，一边帮助推进讨论顺利进行。在这种情况下，我们可以说"刚才您说的是……的意思吗"，或者"我可以这样理解吗……"，来跟对方进行确认。

当找不到插话的时机时，可以先说"我可以问一个问题吗"，然后再询问对方"刚才您说的是……的意思吗"，这样就会更礼貌一些。

第 66 条

✗ 不合适 的说法

这个世界没有你想的那么简单。

↓

✓ 合适 的说法

可以跟我说说你是怎么想的吗?

不要摆出一副自己什么都知道的样子去教训别人。

有很多表达方式会让人显得有些高高在上，其中最容易激怒别人的说法之一就是"这个世界没有你想的那么简单"。父母对孩子、参加工作的人对学生、上司对下属都经常会说这句话。

年长的人和有经验的人经常用这种"定时炸弹"一样的表达方式来跟年轻人、新人们划清界限。同时这句话还带有一种威胁的语气，似乎是想告诉对方"你这种天真的想法根本没法在这个残酷的世界上生存下去"，导致对方变得更加消极。细说起来，一下子把话题上升到"这个世界"，未免有些太过笼统，对于不同的人来说，"严酷"的定义也是各不相同。这样的说法只会给对方留下自以为是的印象，徒然惹人反感罢了。

如果真的担心对方，想给对方一些建议，可以直接说"能不能跟我讲一讲你的想法"。这样就可以在倾听对方想法的同时，找到机会让对方详细说一说自己的行动计划。例如，如果对方说"我想要辞职提升自我"的话，可以继续追问他具体想要怎么做。

如果对方的行动计划在你看来还是太过天真，可以再跟他讲一讲自己以前的经历，比如"我三十多岁的时候换过工作，那时候没有钱，日子过得非常艰难。所以我觉得还是找到下一个工作之后再辞职比较稳妥"。这样的话，对方也许会更容易接受你的建议。

在跟别人交流时，一定要尊重双方的差异。

第 67 条

✗ **不合适** 的说法

我本来不想跟你说的。

↓

✓ **合适** 的说法

我注意到一件事,想跟你说一下。

学会一些说话的技巧,可以让对方更容易接受。

以前，我曾经听说过这样一件事。某公司的一名员工整理资料的速度很慢，所以每次都会留下来加班很久。有一天一个前辈突然对他说："我本来不想跟你说的，但是你都已经在公司做了五年了，难道电脑还用不熟练吗？"

像这样有些瞧不起人的说法，很容易会伤害到对方。同时，这样的话语还带有强烈的压迫感，很容易被认为是职权骚扰，甚至有可能遭到投诉。

当我们想要拜托对方做事，或者有话想要告诉对方时，如果用"我本来不想跟你说的"作为开头，听起来就像是在威胁对方"这件事我无论如何都想跟你说清楚，你好好听着"。如果想要让对方提高工作效率，可以说"我之前就注意到一件事，想跟你说一下。你加班的时间越来越长，需要改变一下工作方式。我们可以讨论一下如何提高工作效率，尽量在上班时间内完成任务"。

同时，"我本来不想跟你说的"这句话里，还带有"我是为了你好"的意思。这看起来是为对方着想，但实际上却更多地用来表达自己对对方的不满。对方听到这样的开场白，心里也会提起警惕，心想"如果不想说的话，不说不就好了……"。在多数情况下，这样的表达方式都会给对方造成伤害，因此还是不要轻易说出口为好。

如果想给对方提意见，就直接大大方方地告诉对方"我想跟你说一件事""我们可以一起讨论一下"，这样才是合适的表达方式。

第 68 条

✗ 不合适 的说法

不是我自夸。

↓

✓ 合适 的说法

我遇到了一件好事,可以跟你讲一讲吗?

同样是炫耀,不同的说法也会给人留下截然不同的印象。

当你遇到一件非常开心或是骄傲的事情，想要告诉别人或是跟别人炫耀一下的时候，怎么说才不会招来别人的反感呢？

有的人会吹嘘自己的光荣事迹，比如"不是我自夸，我以前可是公司的金牌销售"。有的人还会用骄傲的语气来自嘲，比如"不是我自夸，我也是准备离婚的人了"。"不是我自夸"这句话在不同性格的人口中会有不同的用法，但通常大多数人会将其作为炫耀的开场白来使用。

以"不是我自夸"来开头的炫耀完全就是在展示优越感，很容易引起对方的不快。一脸得意地对别人说"不是我自夸，我这个包可是花了50万日元""不是我自夸，我的女朋友可是模特"，只会招来对方的白眼。在这种情况下，如果对方很是捧场，可能更会助长这种自吹自擂的气焰，导致其炫耀个没完没了。

此时，受欢迎的人通常会选择别的表达方式，比如："我遇到了一件好事，可以跟你讲一讲吗？"或者"我遇到了一件开心事，你愿意听我说吗？"这样坦诚地告诉对方，反而不会让对方反感。与此同时，还要注意关键的一点，那就是一定要简短、快速地说完，不要说个没完没了。

08

提醒和批评

提醒对方注意、训斥下属是沟通与交流中最难，也最容易引发职权骚扰的一个部分，因为这两件事的目的通常是让对方按照自己的意图来行动。当我们将自己的意志加在别人身上，给对方造成压力，很容易引起对方不快，使对方产生抵抗心理。

一旦使用错误的表达方式，双方的关系很可能会产生永久性的裂痕。为了避免这种最糟糕的情况，我们一定要注意尊重对方的自主性，意识到训斥的最终目的是促进对方的进步。

在训斥中，我们要把握好两点。一个是传达事实，比如"交给你做的资料没有按时交"。另一点是该事实给自己带来的感受以及想法，比如"你没有按时完成，让我很困扰"。注意不要说"正常人都会觉得……"或者"周围的人都说……"，将责任甩到其他人身上。

你还想继续干吗？
非常抱歉……
你怎么回事！从刚才开始就一点进展都没有！
消沉……
真是的！
你怎么工作效率这么低！
抓紧点！
前辈……
最近工作上的表现好像有点不太理想。
你遇到什么困难了吗？
请直接跟他说，这件事你不想做。
原来是这样。
让我做一张宴会的节目表……还很急着要……
部长给了我一个工作……

第 69 条

✗ **不合适** 的说法

你还想不想继续干了?

↓

✓ **合适** 的说法

你最近工作上的表现不是很理想，是遇到什么困难了吗?

想要让对方鼓起干劲的话，还是要多为对方着想。

当我们想要让别人打起精神来时，怎样说更能让对方鼓起干劲呢？很多人在感到焦躁的时候，会忍不住对对方说："你还想不想继续干了？""你真的有在认真做吗？"或者："你就不能快一点吗？"然而，这样的表达方式相当于是在指责对方"你为什么不能认真做""你为什么工作效率这么低"。对方即使真的理亏，也很难坦诚地接受。

如果对方给自己带来了麻烦，或是影响到了自己的工作，此时感情就更容易战胜理性，让人忍不住想要指责或是质问对方。这样很容易发展成职权骚扰，所以一定要慎重、冷静地应对。就算自己的主张是对的，也要避免过度指责对方，给对方造成心理压力。

那在这种情况下，应该怎么说才对呢？我们可以将重点放在具体的事实上，比如："你最近工作上的表现不是很理想，是遇到什么困难了吗？"如果对方给自己的工作造成了影响，可以说"你昨天的工作没有完成，我作为负责人感到非常困扰"，将客观事实告诉对方。重点是先说事实，然后再说自己的感受，这个顺序一定不能颠倒。在此基础上，一定要继续和对方一起商谈今后的改善方法。

第 70 条

✗ **不合适** 的说法

你为什么不跟我联系？

↓

✓ **合适** 的说法

遇到困难的时候希望你能联系我。

不能强求对方按照你的想法行动。

当你感到恼火时，有没有指责过对方"你为什么不这么做""你为什么总让我重复说同样的事"？当对方没有按照自己的想法去做，或者没有达到自己的预期时，很多人都会说出这样的话，这在夫妻或是亲子之间的吵架中尤为常见。

在这种情况下，越是向对方发泄愤怒，强迫对方屈服，越是会导致双方关系进一步恶化。无论是多小的事情，都不能将自己的主观想法和情感强加到别人的身上。这样只会给对方带来痛苦，甚至使对方恼羞成怒。

此时，请把自己放到对方的立场上来看看。"你为什么不跟我联系"和"遇到困难的时候希望你能联系我"这两种说法给人带来的感受是不是完全不同？前者会让人忍不住想要还嘴说"我这边也很忙啊"，而后者则更容易让人意识到自己给别人带来了困扰。如此一来，对方也一定能够坦诚地回答"对不起，下次我会早一点联络你的"。

情绪的发泄只会为双方增添压力。在出现矛盾时，最好的做法还是先冷静下来，将自己的想法和要求告诉对方，这样才能更快地解决问题。

第 71 条

✗ 不合适 的说法

你应该这样做才对。

↓

✓ 合适 的说法

请这样做。

"应该……才对"只会给对方和自己带来压力。

在指出对方的失误时，如果过于强硬，可能会造成职权骚扰，甚至被认定为欺凌行为。例如，如果对方在工作中踩点到，而你对他说"太晚了，应该至少提前10分钟到才对"。在这种情况下，踩点到可能确实不太妥当，但是"应该至少提前10分钟"也只是一种个人的主观想法而已。

用自己的主观意见来责备对方，只会让对方产生反抗心理。而对方如果是一个敏感且认真的人，很容易会过分在意别人的看法，认为自己什么都做不好，甚至因此患上心理疾病。

所以，这样的说法很可能给对方造成困扰，特别是在职场中，要尽量避免这种"应该……才对"的论调。

与此同时，这种说法也会给说话者本人带来不小的心理压力。当一个人固执地坚持某项原则时，一旦自己没有做到，就会产生极大的挫折感。习惯使用这种思维方式的人，很容易在挫败中产生自我厌恶的倾向。

因此，如果想要指出对方的失误，首先应该说明自己的理由，比如"给相关人员带来了困扰"或者"影响工作顺利进行"，然后再告诉对方"下次请做出改善，避免类似的情况发生"，这样才是最合理的方式。

第 72 条

✕ 不合适 的说法

这次全都是因为你的失误。

↓

✓ 合适 的说法

请总结一下失误的原因，想想下次该如何改正。

不要一味指责对方的失误，应该将重点放在解决方案上。

如果因为自己下属的失误，导致一个重要的客户向公司发来投诉，取消了原定的业务往来，你会怎么做？

有的人可能会立刻斥责这名下属："这次全都是因为你的失误，你打算怎么挽回！""都是因为你的应对方式有问题，才会出现这样的结果！"这种盛怒之下想要斥责对方的心情，想必大家都能理解。然而按理说，最终的责任还是应该落实到上司自己的身上。一味地将责任推给下属只会将对方逼上绝路，无法解决任何问题，只会让别人怀疑你承担责任的能力。

因此，在这种情况下，首先应该将事情的来龙去脉确认清楚，总结失误的原因。然后让当事人反思这样的失误应该如何避免，总结出正确的应对方法。不要直接告诉自己的下属"当时应该这样做才对"，这样培养出的员工只会一味等待上司发出指令。

如果想要督促对方反省，培养对方的主动性，可以让对方多谈一谈自己的想法。如果对方没有相应的积极性和反思能力，光是告诉对方"多反省"是起不到任何作用的。同时，我们也需要给下属一个表达自己的机会。作为上司，在这种情况下应该引导下属用自己的语言去总结此次失败的原因、对策，以及他本人的感受和想法。

第 73 条

✕ 不合适 的说法

要好好做。

↓

✓ 合适 的说法

这个工作要做到……的程度。

不要光是用"好好做""下功夫"这种意义不明确的表达方式。

在生活中，我们经常会听到"要好好做"这句话。然而，听到这句话以后，大家就能够正确理解对方究竟希望自己"做什么"和"怎么做"吗？

举个例子，如果说"服装要好好准备"，有的人会理解为需要穿西装，而有的人会觉得牛仔裤配夹克就足够了。

人和人的价值观差异甚大。因此，如果只是用"好好"这样含糊不清的词语来提醒对方，双方在理解上必然会出现偏差，让事务很难顺利进行。

同理，"做得到位一些""再深入一些""差不多就行"这样的词也要尽量避开。

如果问题很明确的话，一定要给对方做出具体的指示，例如"这个工作现在刚进行到一半，一定要做到……这样的程度"。

如果想要提醒对方注意着装，可以直接说"这次的商业谈判需要正装出席，不可以穿牛仔裤"；如果想要提醒对方注意言行举止，可以直接告诉他"会议中不要说悄悄话"。这样才能让对方完全理解你的要求。

"大家都懂，不必明说"，这样的想法很容易招来意想不到的麻烦，大家一定要多加注意。

第 74 条

✕ 不合适 的说法

出现这种失误你就不觉得羞愧吗?

↓

✓ 合适 的说法

我觉得……你觉得呢?

面对一个和自己不同的个体,
应该采取尊重的态度,不要对对方进行人格否定。

在提醒对方注意或是训斥对方时，一旦变得情绪化，就很容易将话题的重点从失误本身转移到对方的性格上去。有时只是轻微的责备，比如"就是因为太懒散，所以你才会犯这种错误"或是"出现这种失误你就不觉得羞愧吗"，而有时，这样的责备也会发展为谩骂，比如"我都不愿意和你这种做事随便的人一起工作"，或是"我真是第一次遇到像你这样工作能力低下的人"。很多人觉得自己在工作中不会如此情绪化，那请你再想一想，自己在面对家人和朋友的时候，会不会一不小心说出很过分的话呢？

这种赤裸裸的人身攻击已经超出了"指导"的范畴，变成了"攻击"甚至是"歧视"，会给对方带来极大的痛苦。在公司接到的员工投诉中，经常会见到类似的案例。

"懒散""羞愧"，完全是说话者的主观判断，用这样的方式来训诫对方，只是将自己的想法强加到对方的身上。

所以说，这样的说法一定要尽量避免。如果还是想要将自己的意见告诉对方，可以用"我"作为主语，告诉对方"我觉得叉开腿坐在椅子上不太好看，你觉得呢"。这样保持一种"对方和自己是不同的人"的意识，可以让对话的方式变得更加客观。

第 75 条

✗ 不合适 的说法

你连这个都不知道吗?

⬇

✓ 合适 的说法

如果你不知道的话,我来告诉你。

放低姿态,不要摆出一副高高在上的态度。

当别人做错了事情，或是不清楚某项工作该怎么做的时候，有的人会摆出一副傲慢的态度讽刺对方："什么？你竟然连这个都不知道吗？"这样的表达方式非常引人反感，给人一种高高在上的印象，很容易激怒对方，几乎百分百会给听者留下不愉快的感受。

自己觉得理所当然的事情，在别人看来却并不一定。甚至我们可以说，人和人所拥有的知识储备肯定会有一定的区别。因此，用责备的语气来反问对方，摆出一副"你不知道是你的错"的态度，很可能被看作是一种人身攻击，让别人非常郁闷。

如果说是工作上必须提前知道的事情，可以跟对方说"这个工作的做法你知道吗？如果有不懂的地方我可以教你"。这样的说法可以体现对对方的尊重，让对方对你更加信赖。

如果是新闻或者其他与工作无关的流行话题，对很多不关心这些的人来说完全是无所谓的事。在这种情况下，绝对不要对对方说"你怎么连这个都不知道"。这样的话语只会激怒对方，就算和对方是好友，也要少说为妙。

如果想要询问对方是否知道某个东西，可以直接问对方"你知道那个公司出了新产品吗"。如果对方说不知道，我们可以再继续告诉对方"那个新产品非常方便，很好用"。

09

与他人保持距离

我作为专业人员，曾经长年在人际关系和沟通方面对不同的人进行指导。在我看来，很多人都不知道该如何与他人保持适当的距离。

想要与他人保持适当的距离，需要记住的第一点就是不要表示与对方"同感"，而是要保持"同理心"。在此基础上，还要维持一种非近非远的距离感。

有的人为了博取他人的好感、与他人建立亲密的关系，会跨越人与人之间的边界，擅自闯入对方的私人领域。反之，也有的人很难与别人拉近关系，就算是认识了很久的人，也还是隔着一堵墙。很多人会感到非常迷茫，搞不清怎样相处才能与他人保持适当的距离。

受欢迎的人总会与他人保持适当的距离，不会擅自闯入别人的私人领域。有时人与人的相处不需要完全了解对方。即使双方的交集很少，只要情谊深重，就能建立良好的人际关系。

最近遇到很多不顺心的事……	唉……
	这样啊……

突然插嘴

我懂你!
我和你一样!
每天都要被部长训斥,
客户也总是看我不顺眼,
我超级懂你!

啊……这样啊

谢谢你哦……

这是一样的吗?

哎呀,我真是太懂这种感觉了!

我也是,

我和你的情况虽然不太一样,但是我能理解你的心情。

啊!真的吗!

嗯?不是应该说我懂你才对吗?

扭头

第 76 条

✕ 不合适 的说法

我懂,我也经历过。

↓

✓ 合适 的说法

我的情况虽然跟你不同,但是我能理解你。

"同感"和"同理心"看起来很像,实际上却完全不同。

当对方在聊天时说起一些消极的话题，而我们也有过类似的经历时，很多人为了拉近与对方的距离，会说"我懂，我也经历过"。

然而，"同感"和"同理心"看起来差不多，实际上却相差甚远。和"我懂我懂"相同，即使是和对方有过类似的经历，双方的想法和价值观也肯定会有区别。

因此，当对方遇到挫折或是困难时，如果想要安慰、鼓励一下对方，可以说"我也遇到过类似的事情，虽然我们的情况可能不一样，但是我能理解你"。

还要注意的一点是，接下来即使是为了对方着想，也不要单方面地给出自己的建议。我能理解大家想要帮助对方的心情，但是不同的人所经历的情况是完全不同的。无论是多么具有说服力的建议，在大多数情况下都无法为别人派上用场。

我们在做心理咨询的时候，基本上不会轻易跟对方表示"同感"。但是在日常对话中，有时也会希望对方能够理解自己。在这种情况下，一定要记住一个大前提，那就是"不同的人所处的情况一定是不一样的"。

第 77 条

✕ 不合适 的说法

你怎么不早跟我说。

↓

✓ 合适 的说法

我很愿意帮你,如果遇到什么困难可以联系我。

是否寻求帮助是对方的自由,我们只要表达自己的意愿即可。

当对方来找你诉苦水的时候，你会不会回对方一句"你怎么不早跟我说"？

也许很多人在说"你怎么不早跟我说"或者"你要是早告诉我，我不就能帮你了吗"的时候是出于好意，但是在对方听来，这样的回应仿佛是一种责备，只会让对方的心情更加低落。

我的朋友以前也碰到过这种事。他在社交平台上发了一条状态，说自己最近遇到了很多不顺心的事，结果有人在下面评论说"你要是早点跟我说，我不就能帮你了吗？你也太见外了"，他看了之后反而觉得更加郁闷，因为他本来也没想要找那个人帮忙。

在这种情况下，责备对方的做法完全是在无理取闹。说句不好听的话，对方之所以没有来找你说，就是因为觉得跟你的关系没有那么好。如果真的想要为对方出一份力，可以将自己的想法坦诚地告诉对方，比如"我可以……给你提供一些帮助"，或者将目光放长远一些，告诉对方"以后再遇到类似的困难可以来找我"。

就算是亲密的朋友，也总会有一些说不出口的事情，没必要把所有的事情都跟对方共享。在和朋友交往时，一定要注意保持一定的距离感。

第 78 条

✕ 不合适 的说法

我这种人肯定做不好的。

↓

✓ 合适 的说法

如果您信任我的话,请交给我来做。

比起消极的自我否定,积极挑战会给对方带来更好的印象。

"我这种人"这种表达方式其实带有"警告对方"和"为自己找退路"的意图。说白了，这种说法表面上是在谦虚，实际却展现出了傲慢的态度。

比如，有些人在接到工作任务时，会事先对对方说"我这种人肯定做不好的"。这样，当最后的成果没有达到对方的预期时，可以找借口为自己开脱："你看，我都说了我肯定不行。"这种表达方式和本书第136页介绍的"反正"很相似，都是想事先为自己找好退路。

同时，很多人说"我这种人肯定不行"来贬低自己，其实是在试探对方，想让对方来反驳自己。也就是说，说这句话的人实际上是想要得到别人的承认。

然而，对方既然将工作交给你，肯定是信任你的能力。所以这样拐弯抹角地推脱只会让对方觉得你是一个很麻烦的人。听到这样的话，对方肯定不能当场放弃，转身就走，只好说几句"你肯定能行"之类的话来鼓励你，同时暗自在心里想"拜托这个人办事可真麻烦"。

所以，当对方愿意将工作交付给你时，不要试图将对方推开，最好大大方方地回答："如果您信任我的话，请交给我来做。"这种愿意积极挑战自我的态度一定会给对方留下好印象。

第 79 条

✗ 不合适 的说法

> 我一直没跟你说,还是别这样做比较好。

↓

✓ 合适 的说法

> 你的这种做法也有一定的道理,
> 但是我觉得这样做会更好。

如果有什么不满或是要求,就直接将自己的想法告诉对方,不要用责备的语气。

当我们有一件事憋在心里很久都没能说出口，现在终于想要告诉对方的时候，选择合适的表达方式似乎是一个难题。因为一件事情憋得越久，越是很难冷静、不带个人情绪地传达给对方。在这种情况下，有很多开场白可供选择，比如"我一直没跟你说……""我今天就跟你明说吧……""有一件事我一直都想跟你说……"等。然而，这些表达方式都会给对方造成很大的心理压力，对方会突然紧张起来，心想："为什么这么突然？发生了什么？"。

特别是当你想对对方提出要求，或是感到不满时，有些直接对对方进行人身攻击的表达方式很可能会给对方造成巨大的伤害，甚至演变为欺凌行为，比如"我一直没跟你说，你这个人有点太随便了"，或是"我今天就跟你明说吧，你迟到的次数实在太多，太懒散了"。因此在这种情况下，不要用揶揄嘲讽的语气，而是将自己的要求和不满明确地告诉对方比较好。

如果在开头加上一句简短的话语，对对方的想法或行为表示接纳，那整个句子给人带来的感受就会完全不同。比如我们可以说"你的想法也有一定的道理，但是我觉得还是再慎重一些比较好"，这样就不会给对方带来太大的压力。当然，当我们想跟别人坦白自己的事时，用刚才提到的那些开场白完全没有问题，比如"我一直没跟你说，其实我前段时间结婚了"，或者"我之前就一直想告诉你，我这个月打算从公司辞职"。在这种情况下，对方通常可以正常地接受，表达自己的祝福或是惊诧。如果你有件事想要提醒对方，但是又觉得难以启齿，还是尽早跟对方开口为好，不要憋在心里，让其发酵到无法控制的地步。

第 80 条

✕ 不合适 的说法

你这种情况已经不错了。

↓

✓ 合适 的说法

原来是这样。

面对对方的烦恼，做一个倾听者就好。

善于维持良好的人际关系的人，通常不会高高在上地将对方和别人进行比较，或是把自己的想法强加在别人身上。在平时的闲谈中，一不小心就会脱口而出，引发对方反感的一句话就是"你这种情况已经不错了"。比如当我们想要鼓励别人时，是不是会随口说出"这次的失误没造成更大的损失已经不错了"这样的话？

类似的说法我也经常会听到。比如在地震灾区做志愿者的人为了让灾民打起精神，会安慰对方说"虽然房子是塌了，但是人只是受了点伤而已，这已经是不幸中的万幸了"。但听到这样的话，对方只会感到气愤，心想"你又不是我，怎么能理解我的感受"。

当别人经济上出现困难时，有人会安慰他说"好在至少生活还能维持，已经不错了"，当别人很在意自己的外表时，有人会鼓励他说"至少身体是健康的，已经不错了"，这样的发言也都是大同小异。身为一个局外人，这样鼓励对方只会引起对方的不快。

话虽如此，有的时候也不能完全闭口不言。在这种情况下可以结合事实，将自己的感受告诉对方，比如"虽说受了伤，好在已经可以出院了"。如果对方的事情比较私人，可以简单附和一句"原来是这样啊"。作为一个局外人，不要轻易用自己的感受去揣测对方。

第 81 条

✕ 不合适 的说法

结果就是一切。

↓

✓ 合适 的说法

你一直努力到了最后。

面对对方的烦恼，做一个倾听者就好。
在评价别人时不要光看结果，过程也很重要。

只重视结果不重视过程的人在看待问题时很容易停留在表面。他们通常会认为"结果就是一切,说别的都没用"。有的时候,大家也会在鼓励别人时说"平时无论在哪、做什么都无所谓,只要工作能做出结果就行",但是对方可能反而会感到有压力,觉得自己就算平时很努力,一旦最后的结果不理想,所有努力就会完全失去意义。

假如你有一个同事,他今年的业务目标是销售额达到1000万日元,然而最终只完成了950万日元。此时,一名上司对这个结果很是不满,责备他说:"你为什么没达到预定的目标?"而另一名上司对他说:"虽然结果有些遗憾,但是我看到你真的很努力了。企划案的资料做得也很好。"前者只针对结果,对他做出了负面的评价,而后者则看到了他努力的过程,对过程做出了正面的评价。显然,后者的话能更好地起到激励效果。

如果你觉得自己和身边的人有些隔阂,原因很可能就在这里。也许对方没有满足你的期待和要求,而你只看到了结果,忽略了对方平时的努力。这样的思维方式还是转变一下比较好。

良好的人际关系需要建立在对对方"认同"的基础上,也就是要学会认可对方的优点和努力。受欢迎的人通常会让人际关系处于一种良性循环的状态下。当自己的努力得到了别人的认可,人们也会推己及人,在评价他人时更多地关注努力的过程,而不是单看结果。

第 82 条

✕ 不合适 的说法

我是为了你好。

⬇

✓ 合适 的说法

我是这么想的。

嘴上说"为了你好"其实只是一种自我满足。

在职场和家中都爱对别人说"我是为了你好"的人要多加注意了。这句话表面上是表达了对对方的善意，而实际上却只是一种自我满足，希望支配对方，让对方按照自己的意志去行动。

类似的，使用"不是我说你"这种开场白的人也是一样。在想要控制对方时，这样的话往往会脱口而出。说完这句话后，紧接着通常是对对方的不满和攻击，控诉对方辜负了自己的期待。他们的"期待"一旦没有得到满足，很容易就会转化为对对方的"攻击"。

在职场中，有很多人会使用这样的表达方式来维护自己的领导地位。越是胜负欲很强的人，越是会像"抢椅子游戏"一样，想要证明自己比其他有能力的人更强。那些没有什么自己的想法的人，或者喜欢指出上司的错误的能干下属经常会成为他们攻击的对象。一旦对方威胁到自己的领导地位，他们就会立刻提起警戒。

当你想跟对方说"我是为了你好"的时候，请再重新审视一下自己的内心。如果真的是为对方着想，换成更加简洁直接的表达方式会更好，比如"我觉得这样做的话会更好"。人的负面情绪很容易透过话语表现出来，一定要注意客观地看待自己，冷静地处理问题。

第 83 条

✕ 不合适 的说法

这么做不对吧。

↓

✓ 合适 的说法

你这么做是出于什么样考虑呢?

总爱评价别人的人会给别人留下高高在上的印象。

好与坏、对与错，用这样的词语来做出论断，实际上就是在评价对方。

一般来说，用这种二选一的方式做出评价的人，是把自己放在了比对方更高的位置上。很多人觉得自己比别人聪明能干，认为自己是正确的，所以喜欢通过评价别人来自我满足。

无论是说对方"做得不对""别这么做比较好"，还是全凭主观地告诉对方"你做得不错"，这些都属于评价性的态度。我就曾经听说过一个年轻的员工对上司说"您做得不错"，结果被上司训斥了一顿的例子。

单方面得出结论很容易导致对方不快。如果你觉得自己经常说类似的话，那就应该从现在开始多注意，不要总是用自己的想法去评价对方。

当你想要反驳对方时，不要立刻下结论，可以先询问对方"你这么做是出于什么样考虑呢"。

你如果有不同的意见，可以直接大大方方地说出来。即使被对方驳回，也不要用好与坏、对与错这样的词语来评价对方，尽量让双方能够互相理解。

让我们不要被情绪所左右，和对方站在平等的立场上展开交流吧。

第 84 条

✗ 不合适 的说法

你不结婚吗?

↓

✓ 合适 的说法

你今后对人生有什么打算吗?

不要随便插手别人的私生活。

在工作之余的闲聊中，有时会以对方的私生活作为话题。比如当对方是单身的女性时，有些人会问很多"有没有男朋友""不打算结婚吗""打算要孩子吗"这种跟私生活有关的问题。

当然，如果双方的交情足够深，这样的问题可能也不算什么禁语。但是很多人会对恋爱、结婚和生孩子等话题有些敏感，不假思索地寻根问底很可能会冒犯到对方，甚至被打上"性骚扰"的标签。

特别是对于初次见面的人，一定不要过多地询问关于对方私生活的问题。一上来就问对方"你多大了""经常跟男朋友约会吗""结婚了吗"是非常不礼貌的行为。同理，女性也最好不要问男性类似的问题。

更让人头疼的是，有些上司还抱有老一辈的想法，会跟自己的下属说"你还单身吗？还是早点结婚比较好""最好……岁前生孩子""等你结了婚生了孩子就可以靠老公养了，真好"。这样很容易给对方造成侵扰，甚至遭到对方的投诉。

人们经常会和关系亲密的人谈论自己的私生活，但是没有人会愿意让关系不够亲近的人涉足自己的私人领域。

对方如果愿意与你分享自己的生活，一定会主动和你说。在此之前，还是不要试探对方的底线为好。人际关系的亲密度需要一步一步慢慢提升，在双方的关系变得足够亲密之前，一定不要尝试越过红线。

第 85 条

✕ 不合适 的说法

那没什么大不了的。

↓

✓ 合适 的说法

是哪方面让你觉得不顺心?

是不是"大不了"要让对方来决定。

当你感到烦恼时，如果别人对你说"那没什么大不了的"或者"不要去在意那种事"，你会怎么想？一个人的烦恼究竟是不是"大不了"只能由当事人自己来决定，如果想不在意就能够不在意，那一开始就不会感到烦恼了。

这样的发言将对方的烦恼看作是一种"无意义且没有价值"的事情，相当于直接否认了对方，只会让对方越发沮丧。

如果你只是有些担心，想要让对方打起精神，可以问一问对方具体是哪方面觉得不顺心，让对方把烦恼讲出来。

例如，如果同事被上司训斥后陷入沮丧，你可以问问他："上司说的哪句话让你觉得难过？"让他先把心里的郁闷发泄出来。此时并不需要提出什么具体的建议。听完之后再附和一句"原来是这样"，其实就会让很多人觉得心里舒畅了不少。

如果进展顺利，对方可能还会对你说"谢谢你愿意听我讲"，这样双方的关系也会进一步往好的方向发展。

第 86 条

✗ 不合适 的说法

你看上去一点烦恼都没有。

↓

✓ 合适 的说法

你总是那么有精神。

"一点烦恼都没有"仿佛是在说对方神经大条，有些缺心眼。

没有烦恼是一件幸福的事情。但如果有人对你说"你看上去一点烦恼都没有"或者"感觉你永远都不会生气",此时你的心情会不会有些复杂?

无论是谁,都会有一两个烦恼,碰到烦心的事也必然会感到恼怒。说别人"没有烦恼""不会生气",就仿佛是在说对方"神经大条""缺心眼儿"。这听上去并不像是在表扬别人,只会让对方觉得有些郁闷。

类似"你还真是无忧无虑啊"这样的说法,听上去就像是一种讽刺。有些人被这样说会觉得对方瞧不起自己,从而陷入沮丧。

如果你只是单纯想夸赞对方积极乐观的生活态度,可以说"你总是那么有精神",这样对方就不会产生误解了。

如果对方是一个和颜悦色、笑口常开的人,你也可以夸赞对方"你总是这么温和,一直面带笑容,真好",这样就能将自己的感受直接传达给对方。

如果你也想跟对方学习这种乐观向上的生活态度,也可以告诉对方"你总是那么乐观开朗,跟你在一起,我的心情也会变得更好。我要向你学习",这样对方也会感到很开心,觉得你说的确实是真心话。

总而言之,一定不要轻易去用自己的想法推测别人。

第 87 条

✗ 不合适 的说法

> 我是这样的。

↓

✓ 合适 的说法

> 原来你是这样的。

如果光是说自己的事，很难加深双方的关系。

在你的身边，有没有那种对别人的话题毫无兴趣，只爱谈论自己，让周围人很是头疼的人？比如，当你提到自己最近看了某个电影时，对方会马上把话题抢过去："啊！我也看了！那个电影拍得很有意思，让我一下子就想到我年轻的时候。当时我也是……"，然后就开始没完没了地谈论自己的青春时代。

这种类型的人并没有恶意，甚至可能是想用自己的话题来取悦别人。但是交流毕竟是为了促进双方对彼此的了解，如果光是谈论自己，并不能加深双方的关系。

特别是当对方比自己年轻、经验也相对较少的时候，很多人会觉得跟对方多说一些自己的经验也是为了对方着想。

然而事实上，如果强行将话题抢走，那不管你说的话内容有多好，经验有多么宝贵，对方都不会认真去听。对方只会觉得自己被无视，失去了话语权，从而心生不快，对你的印象也会变差。

为了避免这种情况发生，在交流时一定要先将对方的话听完，表示出自己的理解，然后可以询问一下对方："你愿意听我说一说我的经历吗？"这样对方一定会更加认真地倾听你的发言。自己单方面说个没完，只会让谈话陷入僵局。

第 88 条

✗ 不合适 的说法

你这是在哪儿买的呀?

↓

✓ 合适 的说法

可以告诉我这是在哪个商店买的吗?
我想参考一下。

如果对对方的东西感兴趣,可以礼貌地请求对方提供信息。

关于私生活的话题，还有很多地方需要注意。

例如，有些人对别人的爱好和生活感兴趣时，很容易开始问这问那。比如有些女性会对对方的穿搭感兴趣，就会问对方"你这个是在哪儿买的呀""多少钱呀""这个包是哪个牌子呀"等细节上的问题，甚至进一步发展到"你周末一般干什么呀""你丈夫是做什么工作的呀"等涉及别人私生活的问题。事实上，很多人都有过这样的经历。

如果是对方主动想说，那自然没什么问题。但有时，即使是关系不错的朋友，一旦过分涉及对方的隐私，也会让谈话的气氛立刻陷入尴尬。对方只会心想"这种事没必要跟你说"，然后默默地与你保持距离。

如果对方先提出"你看我这个包不错吧"，就说明对方想要谈论这个话题。此时，就可以继续问对方一些关于这个包的问题。但如果对方没有主动提出，而我们很感兴趣的话，可以礼貌地询问对方"可以告诉我这是在哪个商店买的吗？我想参考一下"。这样的问法就不会让对方感到不快。

一定要记住，在双方的关系还不够亲密时，千万不要对对方的私人兴趣过多地寻根问底。如果想要拉近与对方的距离，可以先对对方敞开心扉，说一些关于自己的私人话题。

第 89 条

✗ **不合适** 的说法

咱们互相体谅吧。

↓

✓ **合适** 的说法

咱们商量一下有没有折中的办法吧。

用"互相体谅"来结束话题，总会给其中一方留下不满。

假设某个客户向你提出要求，希望你们的公司能够提前交货。此时，如果你想要跟对方交涉，适当地提高商品价格，会不会直接把一句"咱们互相体谅吧"抛给对方？

在对方看来，自己的公司每次都会跟你们订很多货，偶尔有一些小要求也应该通融一下。而在我们看来，既然需要赶工来满足客户的要求，价格也应该适当地提一提才对。

在这种情况下，一句"咱们互相体谅吧"，其实相当于是说"我们也很不容易了，你们就忍一忍，咱们互相让一步吧"。这样的表达方式会给对方一种无声的压力，让对方心里感到不舒服。即使勉强达成一致，也会给对方留下不好的印象。如果想要避免这种情况发生，可以直接说"咱们来商量一下，找一个折中的办法吧"，这样才能更加圆满顺利地完成交易。

在这次新冠疫情中，很多公司的经营都遇到了困难。很多合同和计划不得不中止，需要双方一起坐下来进行协商。

此时，如果以"现在情况比较特殊，咱们就互相体谅吧"为由来向对方提出要求，对方又能给出怎样的回应呢？即使是双方都很难让步，也要拿出诚意，表示出愿意进一步协商的态度，这才是沟通的关键。

10

倾 听

请想象一个自己在和某个人单独交流的场景。此时，对方如果显示出高高在上或是不耐烦的态度，想必大家都会立刻失去沟通的欲望。在某种意义上，"倾听"比"表达"更能展现出一个人内心真正的想法。

一个受欢迎的人在与别人交流时，一定会让对方感受到"这个人的确是在认真听我说话"。这一点同样也是心理咨询的关键。

只要我们能够对对方所说的话题表示出兴趣，并用丰富的表情来回应对方，对方不管多么沉默寡言，都会逐渐敞开心扉。反之，如果我们只是面无表情地呆坐在那里，对方一定会觉得如坐针毡，想要立刻结束谈话。

不同的倾听方式能够从正反两个方向来影响谈话的进程。所以我们一定要学会在倾听中时不时地点一点头，附和几句，用合适的表情来给对方一些回应。

大家在业务上如果有什么不懂的地方,或者有什么烦恼的话……

当然,与业务无关的事也可以……

拍胸脯

任何事情都可以

随时来问我!

………遵命………

为什么谁都不来找我帮忙?

嗯?好奇怪啊……

这里的样式我有些不明白

啊,这里是

好无聊啊……

那是这次的资料吧

我来帮你拿

谢谢

可以也帮我一下吗?

第 90 条

✕ 不合适 的说法

你有什么想说的尽管说。

↓

✓ 合适 的说法

你遇到了什么困难的事吗?

"想说什么尽管说" 反而会让人不知道该说什么好。

有的人很善于倾听别人的烦恼和牢骚，很容易和他人建立良好的人际关系。而相反，有的人被上下级关系和利害关系所束缚，总是拒人于千里之外，让别人很难对他开口。当然，有时这种距离感也可能单纯是因为二者的性格不合。

如果一个人特意强调"你有什么想说的尽管说"，只会让对方心中更加警惕，生怕这是一种试探，或是自己一不小心说错了话惹恼别人，导致想说的话更加说不出口。

所以，如果真的想让对方说出自己的烦恼，可以提出一些具体的问题，比如："关于……那件事，你有没有什么烦恼？"或者："你对自己的职业规划有没有什么想法？"只有这样，对方才能找到话题的突破口。在双方的关系还不够深入的情况下，"想说什么尽管说"有些太过笼统，反而会让对方感到迷茫。

如果真的想让对方提出意见，不是只想客套一下，可以明确地跟对方说"请说说你对……的意见"，这样对方才能有针对性地说出自己的想法。

在这种情况下，沟通的关键就是将自己的诉求明确地告诉对方，而不要一味地将主动权抛给别人。

第 91 条

✗ 不合适 的说法

> 总会有办法的。

↓

✓ 合适 的说法

> 我们来一起想想该如何解决吧。

毫无根据地鼓励是不负责任的表现。

在听别人诉苦水时，有的人会用"总会有办法的""肯定没问题"这样毫无根据的鼓励来安慰对方。这和本书 199 页中所提到的"评价性态度"相同，都是把自己放在了比别人更高的位置上，对对方的做法进行品评，是很不负责任的做法。

有的人说这种话并不是为了安慰对方，而是想早点结束这一话题。在对话中抱有这样的态度，很容易使对方丧失对你的信任。对方之所以来找你诉苦，就是因为自己找不到解决问题的办法，心里感到烦恼和无助。如果只用一句"总会有办法的"来结束话题，会让对方觉得你没有认真听别人说话。

如果是真心想要鼓励对方，请认真聆听对方的倾诉。在必要的时候，可以跟对方站在同一角度，告诉对方"我们来一起想想该如何解决吧"。这样对方一定能感受到你的诚意。如果你觉得这件事总会有办法解决，可以说得更加具体一些，告诉对方你这样想的理由。

如果只想单纯用一句鼓励的话来给对方打气，可以说"加油，我会一直支持你"，这样对方也一定能够感受到你的心意。

第 92 条

✗ 不合适 的说法

嗯、哦。

↓

✓ 合适 的说法

对、没错。

含糊不清的附和会让人觉得你漠不关心。

我们没有认真听对方说话时，经常会反复用"嗯""是吗"这样的词来漫不经心地附和对方。然而，这样的反应相当于是告诉对方"你的话很无聊""赶紧换下一话题吧"，很容易给对方带来不快。

一般来说，除了用来表达震惊的"是吗！"以外，最好不要反复用"是吗"这个词来附和对方。在做心理咨询时，我们也会注意避免用"嗯""是吗"这种含糊不清的答复来附和对方。

如果希望对方尽快结束这一话题，可以直接告诉对方"今天时间有些来不及了，等下次再继续说吧"。

你如果并不想打断对方的话，就请用更认真的态度来倾听。例如，我们可以在对方停顿的时候，用"对""是的""没错""确实"来干脆利落地做出回应。

如果对方的话题偏离了轨道，或者不知所云，导致你不知道对方究竟想说什么，可以用一句"你是想说……吧"把话题拽回来。一边心怀不满，一边听对方讲话，对对方来说也是一种不礼貌的行为。当感到疲惫或是心里在担心别的事情时，我们很难专心听别人讲话。这种时候可以直接将自己的情况告诉对方，不要勉强自己。特别是当对方是自己的伴侣或者孩子时，一定要记住坦诚相对。

第 93 条

✗ 不合适 的说法

你听我说话了吗?

⬇

✓ 合适 的说法

我刚才说的话,你有什么不懂的地方吗?

"你听了吗"和"你是不是没听"是同样的意思。

一般情况下，我们不会直接问别人"你听我说话了吗"，除非对方是非常亲密的家人或朋友。然而近年来，大家在公司和家中都会频繁地使用手机和电脑，这导致很多情况下，我们很想确认一下对方是否在认真听自己讲话。那么，如果对方和我们的关系不够亲密，应该用怎样的说法才比较稳妥呢？

询问对方"你听了吗"相当于是怀疑对方没有认真听自己讲话，属于一种消极的表达方式。有时这样的说法会让对方感到烦躁，即使是没听也回答说听了，只会让双方对彼此感到不满。

"刚才我说的话，你记住了吗"也是同理，相当于是在怀疑对方没有记住。

在这种情况下，如果说"刚才我说的话，你有没有不懂的地方"就会好很多。整句话给人的感觉不再是"责备"，而是变成一种"确认"。

这样一来，对方更容易给出具体的答复，比如"关于……的地方你能不能再详细说一说"，或者"我基本都懂了"，双方的交流就会变得更加顺利。

第 94 条

✕ 不合适 的说法

你怎么会犯这样的错误？

↓

✓ 合适 的说法

怎样才能防止日后发生同样的错误？

与其用过去的事一味地指责对方，不如将目光放得长远一些。

在做错事情时，大家都很不愿意遭到周围人的责备。所有人都是努力想让事情往好的方向发展，没有人会故意失误。因此，在事与愿违时，最痛苦的往往是当事人自己。此时，因为时光无法倒流，就算其他人再怎么责备他说"你怎么会犯这样的错误""你怎么能失败呢"，也没有任何意义。

如果必须查明失误的原因，可以询问对方："这次为什么会出现这样的失误？怎样才能防止日后发生同样的错误？"将问题的重点放在未来，对方也会更配合一些。

在自己的下属出现失误时，有些脾气比较暴躁的上司会直接怒吼"你怎么做出这种蠢事"。然而对下属进行管理也是上司的职责之一，这样对对方发怒很容易被算作是职权骚扰。

在这种情况下，只有冷静地对对方说"发生过的事已经无法挽回了，请你找出失误的原因，总结出以后对这种情况的应对方式，然后向我汇报"，才能更加圆满地解决问题。我们要训练自己控制情绪的能力，在面对他人的失误时，不要让情绪战胜理性。

第 95 条

✕ 不合适 的说法

说起来我也遇到过这样的事。

↓

✓ 合适 的说法

我想起了一件事,可以简单说一下吗?

在对方说到一半的时候抢话题,会让对方心里不舒服。

在听别人说话时，有时我们会联想到自己以前的体验和情绪。此时，我们是否可以打断对方？对于这件事，人们可能会有不同的观点。我认为，如果不是单纯为了满足自己的表达欲，而是想给对方提供有用的信息作为参考，或是将自己的经验与对方分享的话，这样做也并没有什么大问题。

但是在这种情况下，如果我们不注意使用合适的表达方式，很容易导致对方误会。

比如我本书第213页中提到过，在对方正在说话时，有的人会用一句"说起来我也遇到过这样的事……"来将话题强行拉到自己身上。这样中途打断对方的话，只会让对方心里感觉堵得慌。此时我们可以换一种方式，先询问对方"我想起了一件事，可以简单说一下吗"，在得到对方同意后再讲自己的事，这样就不会给对方留下不快感。

人的情绪通常会随着话题的内容发生改变。如果在话题结束后再突然提起"说起来，刚才听完你说的那件事，我也想起来……"，恐怕就早已错过了最佳时机。因此，如果很想立刻将某件事告诉对方，还是马上向对方征求同意比较好。说完后可以再将话题交还给对方，这样对话也可以继续顺利进行。

第 96 条

✕ 不合适 的说法

这件事您之前已经讲过了。

⬇

✓ 合适 的说法

就是您之前讲的……
那件事吧，我觉得很有意思。

喜欢让事情按照自己的预想来推进的人，
通常容易重复说同样的事情。

有些前辈和上司很喜欢重复说同一件事，此时如果直接打断他们说"这件事您之前已经讲过了"，很可能会让对方感到不舒服。在面对亲人时，即使这样说，对方大多也并不会放在心上。但在面对其他人时，特别是上下级关系划分很明显的情况下，这样的说法显然是不合适的。

当然，无论对方说多少遍都默默地听完也不失为一个合理的解决方法。如果没有这种耐心的话，则可以提醒对方"就是您之前讲的……那件事吧"，这样也能够早点结束话题。

在提醒过对方后，还可以再加上一句自己的感想，比如"我觉得很有意思"，或者"听完您说的那件事以后，我感觉更有斗志了"。这样一来，对方知道你还记得自己说过的话，也会感到格外开心。

与此同时，还有的人喜欢通过跟别人反复讲同样的事来整理自己的心情，如果看到对方做出同样的反应，就会感到开心。这样的人通常有很强的表现欲和认同需求。面对这样的人，在无伤大雅的前提下还是尽量耐心地听完为好，这样更利于维持良好的人际关系。

所有人都希望事情能够按照自己的预想来推进。当我们认定"说这件事时对方会做出这样的反应"时，如果对方的反应符合我们的期望，我们就会感到心情很舒畅。因此，很多人会反复说相同的话题来获取安心感，对愿意认真倾听的人也会抱有很好的印象。只要明白了这一点，相信大家在面对同样的情况时，一定会变得更加耐心吧。

11

道　歉

道歉有三大原则，那就是"承认事实""直截了当"和"尽快尽早"。然而在实际生活中，我们经常会忍不住为自己找一大堆借口，甚至想要掩盖失误，结果反而导致事态进一步恶化。

电车延误导致的迟到就是一个很好的例子。此时，由于给对方带来不便已经是既成事实，即使自己并没有做错事，也应该马上向对方道歉。在这种情况下，有些不擅长道歉的人会先为自己找借口，比如"都是因为电车延误所以我才迟到了""我明明是按时出门的"。这样的做法其实并不明智。就算心里觉得委屈，认为自己没有错，也要尽量忍住。如果进一步激怒对方，引起对方不快，很可能会失去与对方建立良好关系的机会。因此，此时最好的做法就是马上道歉，在对方接受道歉后，再详细说明理由。

有时，如果选对了道歉的方式，反而会让对方对你产生好感。一个合适的道歉，可能会成为建立良好人际关系的钥匙。

早上好！
咣当
开门声
开会迟到了！
知道了，坐下吧。
实在是非常抱歉！
我迟到了。
气喘吁吁
我迟到了。
咣
当
……怎么回事？
旁边还空着……
下次一定要注意。
赶紧回去吧
你就不用参加了。
抱歉，不好意思啊！
啊哈哈

第 97 条

✗ 不合适 的说法

不好意思。

↓

✓ 合适 的说法

实在非常抱歉。

在不小心发生失误时，道歉也许是扭转乾坤的机会。

在正式场合中，向上司或长辈道歉时，用"不好意思""抱歉"这种轻描淡写的方式来道歉，是很不礼貌的行为。

如果有人在商务会议中迟到半个小时，然后一脸苦笑地进来对大家说"迟到了真是不好意思"，在场的其他人一定会对他怒目而视，觉得这个人一点道歉的诚意都没有。如果对方和自己是很亲密的朋友，那这样的道歉方式并没有什么问题。但如果是在工作中出现了失误，还是不要这样道歉为好。

除此之外，有的人还会反复说"抱歉"这个词来表达歉意，同样让人觉得缺乏诚意。

相比之下，"实在非常抱歉"则更适合在商务场合使用。同时还要注意的一点是，道歉时一定要摆正态度，不要嬉皮笑脸。

在工作中出现失误时，周围的其他人也会将注意力集中到你的身上，对你的应对方式感到好奇。从这种角度来说，这既是考验，也是机会。所以请一定要注意保持适当的距离感，选择合适的用词，用真诚而礼貌的态度来道歉。

不同的道歉方式给人带来截然不同的印象，在道歉时，一定要让对方感受到你的诚意。

第 98 条

✕ **不合适** 的说法

> 这次失误是一些不可控因素导致的，我已经很努力了。

↓

✓ **合适** 的说法

> 实在非常抱歉，这次的具体情况是这样的……

不要为自己找借口，将事实告知对方即可。

道歉的关键是向对方表达歉意。就算自己的迟到是因为电车晚点，或是自己心里觉得很委屈，也一定要先对对方低头。此时可以先向对方说"浪费您宝贵的时间，实在是非常抱歉"，或者"此次我们的应对方式出现问题，给您带来诸多不便，实在是非常抱歉"，稳住对方的情绪。

之后，如果对方的态度较为缓和，可以再继续告诉对方此次出现失误的原因，比如"电车线路出现异常，导致原地停车了30分钟"，或者"我们公司内部的工作交接上出现了一些问题"。如果对方的情绪比较激动，什么都听不进去的话，则需要之后再给对方写一封道歉信，详细解释事情的前因后果。

大家一定要注意不要给自己找借口，比如"我已经努力了，这次失误是一些不可控因素导致的"或者"我的应对已经很迅速了，可还是……"这样的话还是少说为妙。

找借口通常是想要推卸责任的表现，会令对方产生抗拒心理，很可能是火上浇油。

如果我们只是简单对事实进行说明的话，在好奇心的影响下，对方也会更容易接受一些。所以大家一定要记住一条基本原则，那就是道歉时不要给自己找借口，单纯向对方说明事实即可。

第 99 条

✗ **不合适** 的说法

> 我一不留神就……

↓

✓ **合适** 的说法

> 都是因为我的理解不够到位。

如果没有对自己的"一不留神"表现出足够的歉意，别人就不会再将重要的工作交给你。

当我们不小心给对方造成困扰时，从道歉方式中能够看出来一个人是否是诚心诚意地想要表达歉意。如果当事人深刻意识到了自己的错误，就不会使用过于轻率的表达方式。然而在实际生活中，很多人都会使用"一不留神""不小心"这种对对方缺乏尊重的说法来道歉。

　　假如你的下属不小心将客户的重要文件忘在了电车上，然后回来对你说"我一不留神给弄丢了"，你会怎么想？会不会心想"以后重要的工作一定不能交给他来做"？

　　"我不知道""我没听清楚"也是同样。这种推卸责任的发言完全看不出任何反省的态度，只会进一步激怒对方。

　　相反，如果用"都是因为我的理解不够到位"或者"全部都是我办事不利造成的"这样更加正式的态度来道歉的话，对方可能反而会觉得"也没有那么严重"，表示对你的谅解。

　　但是要注意，即使对方说了"没关系"，也一定不要得寸进尺，真的表现出一副什么都没发生过的样子，这样对方可能会认为你不诚实，失去对你的信赖。所以道歉后也一定不能掉以轻心，要时刻保持谦虚的态度。

第 100 条

✗ 不合适 的说法

> 造成如此严重的后果,实在非常抱歉。

↓

✓ 合适 的说法

> 不小心给您带来误解,实在非常抱歉。

自己说给对方"造成了严重后果",只会火上浇油。

当我们接到客户投诉时,"造成如此严重的后果,实在非常抱歉"这样的道歉方式很可能会导致矛盾进一步升级。

例如,当客户向我们投诉说"你们公司送来的商品上的标志打错了,导致我们现场的员工乱成一团,不知道怎么解决才好"时,如果我们回信说"给您造成了如此严重的后果,实在非常抱歉",对方可能会觉得很恼火。因为我们只用一句"严重"来对目前的情况进行概括,对方可能会觉得我们根本没有理解问题具体严重在哪里。

在这种情况下,我们应该给对方回信说"给贵公司的员工造成混乱,实在是非常抱歉",这样对方就会知道我们理解了具体的情况,从而感到安心。

在应对投诉时,最重要的就是理解对方的具体诉求。特别是要关注对方对情绪的表达和对实际情况的说明。

虽然道歉也很重要,但是大多数投诉者是希望我们能够理解他们的不满和诉求。所以我们一定要对对方表示出你足够理解,这样才能让对方安下心来。

第 101 条

❌ **不合适** 的说法

下周我将登门向您道歉。

⬇

✓ **合适** 的说法

不知道您今天是否方便，我想去当面向您道歉。

缺乏紧迫感的应对方式会让对方觉得自己没有受到重视。

当发生失误或纠纷时，如果责任在自己的身上，一定要立刻向对方表示歉意。

在接到对方的反馈时，无论当前有多忙，也不能用"下周我将登门向您道歉"这样缺乏紧迫感的方式来回复对方。这就相当于是告诉对方"我有更重要的事要做，请你等一会儿"，只会起到火上浇油的效果。严重的话，对方甚至可能会回复说"不用再来了"，然后切断跟你的业务往来。

道歉的速度与诚意往往是成正比的。如果道歉足够迅速，对方会觉得自己得到了足够的重视，心中的怒火也会有所平息。越是严重的失误和纠纷，越要尽快向对方表达歉意。所以一定要在第一时间向对方表示自己想要立刻登门道歉的意愿。

如果对方生气到不愿意见面的程度，或者双方的距离太远，那就要马上给对方写一封郑重的道歉信或是道歉的邮件来表达诚意。在有些情况下，还需要用上司的名义来寄送道歉信。此时一定不要忘记在文章中加上一句"按理本应亲自登门向您致歉，此次使用信件的形式，实在深感惶恐"。所谓道歉，一定要做到迅速且周到才行。

第 102 条

✕ 不合适 的说法

我没想到会导致这样的后果。

↓

✓ 合适 的说法

都是因为我不够重视。

如果是自己的过失造成了损失，
"我没想到"这种理由完全站不住脚。

很多知名公司的广告会因为出现不合适的画面或文字而遭到观众的抵制，不得不停止播出。虽然我们在日常生活中通常不会碰到这么严重的纠纷，但偶尔也会出现类似的情况。原本以为没什么大不了的事，可能会招致意想不到的后果，导致我们不得不出面道歉。在这种情况下，你会怎么做呢？

有的人可能会直接把自己的想法说出来，比如"我没想到会招来这样的误解"或者"我没想到会导致这样的后果"。但是只要是自己引起的纠纷，就肯定免不了要向他人表示歉意。就算是你觉得自己没有做错，想要找借口说"这不是我的本意"，只要是给别人带来了麻烦，就一定要主动道歉才行。

在这种情况下，最好还是主动承认自己的错误，真心实意地向对方道歉。比如我们可以对对方说"这次失误都是因为我不够重视。由于我的考虑不周，给大家带来诸多麻烦，实在是非常抱歉"。

同时，为了避免日后发生类似的失误，还可以总结一下业务的整改方案，汇报给相关人员。这样一来，失败的经验也可以为日后的成功打下基础。

只要将自己分内的事情有条不紊地处理好，即使是发生了失误，也能够赢得大家的信赖。

12

社交软件和邮件

现如今，无论是在商务场合还是在日常生活中，人们都会经常使用社交软件和邮件来互相联络。然而在使用过程中，有很多问题也不容忽视。由于社交软件和邮件上的联络与实际面对面谈话相比信息量要更少，所以很容易引发误解。

我们在工作中发生失误需要跟对方道歉，或者是想要跟对方说一件容易让对方感到沮丧的事情时，有时会很难说出口。此时，如果我们选择用社交软件来告知对方，其实很难表达出足够的诚意，很容易引发矛盾。本来是想要用社交软件或者邮件来让自己更加轻松，结果可能反而会踩到地雷，让事态进一步恶化。

在使用邮件和社交软件时，大家一定要记住三大原则。一是在双方发生纠纷时，要尽量采用当面对话的形式。二是尽量将否定的表达方式换成肯定的形式，比如将"请不要……"换成"请……"。三是要注意将自己的要求表达清楚。比如"请尽量在本周内答复我"这样的说法会给对方留下拖延的余地。此时如果说"请 xx 日前给我答复，如果有什么问题可以随时联络我"，就可以给对方一个明确的期限，如果对方有异议的话，双方也可以尽早调整。除了这些之外，还有一点要多加注意，那就是一定不要在聊天中批评别人，或者说别人的坏话。

敲键盘声
To 前辈
上次我跟您说过的企划案的事情进展得怎么样了？
不满
不满
To 后辈
这两天我会联系你的。
敲键盘声
敲键盘声
我最近手忙脚乱的……
为了防止今后出现问题……
敲键盘声
敲键盘声
你们两个，到底在搞什么？
被吓到

第 103 条

✗ 不合适 的说法

之前我已经告诉过您。

↓

✓ 合适 的说法

很抱歉,可能是我之前说得不够清楚。

对方不一定会记得你"之前"或是"上次"说过的内容。

当我们给别人发邮件询问某件事时，对方如果在回信中写道"之前我已经告诉过您……"，大家看到会不会觉得有些恼怒？相信很多人都有过类似的经历吧。这句话其实相当于埋怨对方"我之前已经跟你说过了吧？你怎么还不知道呢？当时不确认一下吗"，会给人带来无声的压力。

如果双方之前的往来不是很多，就算对方说"之前"或者"上次"提到过，我们一下子也很难回想起来，只能去翻以前的聊天记录。这样费时费力的做法会让人更加郁闷。

在对方发来邮件询问时，为了体现对对方的尊重，我们应该将姿态放低一些，告诉对方"很抱歉，可能是我之前说得不够清楚"，然后再重新跟对方说明一下，或者将之前发过的邮件重新发送一遍。在重新发送时，最好告诉对方"我会将xx月xx日发送过的邮件重新给您发送一遍"，这样更方便对方查看，同时也相当于是委婉地告知对方我们的工作并没有出现失误。

不要总觉得对方会马上领会自己的意思。在沟通时一定多为对方考虑，这样应对起来才能更加体贴周到。

第 104 条

✕ 不合适 的说法

最近几天我会联系您。

↓

✓ 合适 的说法

本周五前我会联系您。

对时间的表述如果含糊不清，只会给对方带来困扰。

在沟通和交流中，如果时间安排和数字的表述不够清晰，很容易给对方带来困扰，甚至引发纠纷。

相信大家在工作上的交流中都遇到过"最近几天我会联系您""以后我再跟您联络"或者"我再考虑一下"之类的表达方式。这样的表述只会让收件人感到困惑，心想"最近几天是哪一天""以后是什么时候"，甚至导致其他工作的日程安排也无法确定。很多人都没有认识到这种含糊不清的说法会给他人造成严重的困扰。

除此之外，邮件中经常会出现的"本周内"这个词也经常会让人摸不着头脑。有的人觉得"本周内"是到周五为止，而有人会以为是到周六甚至周日。所以，如果不具体写明"本周五前我会联系您"，就很容易让对方产生误会。类似的，"今天内"这个词也是同理，下班时间的 18 点和午夜 24 点之间就相差了整整 6 个小时。如今大家的交流大多是在网上进行，每天 24 小时都有可能接到联络，因此更需要多加注意。

由于这样的表达方式有可能会引发诸多误会，所以大家一定要将自己的想法落实到具体的数字上，这样才能避免引发更多纠纷。将自己的意愿表达清楚后，最好再加上一句"您觉得这样的日程安排可以吗"，来征求一下对方的同意。

第 105 条

✕ 不合适 的说法

我最近手忙脚乱的。

↓

✓ 合适 的说法

这么晚才回复您实在非常抱歉。

不要找借口说自己有多么忙。

有些人在没有及时联系或回复别人时，会借口说自己很忙，比如"我最近手忙脚乱的"，或者"我现在手头事情有点多，之后再跟你联系"。然而听到这样的说法，对方很可能会心想："这年头谁不忙？""就不能先处理完我这边的事再去忙别的吗？"

　　"手忙脚乱"这个词很容易给别人留下不够稳重、做事缺乏计划性的印象。"现在手头事情有点多"这样的说法也是一样，用"很忙"来当借口其实很难取得对方的理解。越是试图将自己的行为正当化，越有可能只会起到反效果。

　　而反之，在没有及时回复消息时，如果不用"很忙"作为借口，而是坦诚地向对方表示歉意，则可能会给对方留下诚实可靠的印象。比如此时我们可以说"由于工作失误，我未能及时回复您的消息，实在非常抱歉"。如果希望对方能够等一会儿，可以先将具体的时间安排告诉对方，比如"请您稍作等待，本周五前将会给您具体的回复"，这样对方也更容易接受一些。

　　用"很忙"来做借口，相当于是告诉对方"我还有其他优先度更高的事要做，你只能排在后面"，只会使对方感到不快。这种表达方式是不会为对方考虑的典型案例之一，大家平时一定要养成习惯，少说为好。

第 106 条

✗ **不合适** 的说法

请允许我……

↓

✓ **合适** 的说法

我来……

总是说"请允许我……",会显得很想让别人感恩戴德。

如果看到有人在邮件中反复说"请允许我……"，你会不会觉得这个人很想让别人对他感恩戴德？别人明明没有提出什么要求，此人却在邮件中反复说"请允许我来给您回信""请允许我来联络您""请允许我考虑一下"。收到这样的邮件，您会不会感到有些火大？

　　"请允许我"是一种谦逊的表达，用来表示自己的行为是在对方的许可下进行的。

　　例如，我们生病时向领导请病假，得到了领导的许可，我们可以说"谢谢您允许我休假"。但是频繁使用这样的说法会产生违和感，所以大家要注意平时多变换一些其他的表达方式。

　　当我们想要表达"自己要做某事"时，可以直接说"我来给您回信""我来联络您"或者"我去拜访您"。对对方使用尊称"您"，已经表达出了礼貌的态度。

　　很多人误以为"请允许我……"会显得更加礼貌一些，更能够表示出对对方的尊敬，所以会经常反复使用。这一点，请大家一定要多加注意。

　　同样的，"请问您觉得这样可不可以呢"这样的问法也有些过度礼貌。如果想要跟对方进行确认，可以直接问对方"您觉得这样可以吗"。有时，说话过于客套也并不是一件好事。

第 107 条

✗ **不合适** 的说法

请您在下周一前回复。

⬇

✓ **合适** 的说法

请您在三个工作日内回复。

不要将截止日期设在休息日刚刚结束的时候。

周一和周五分别是一周的开始和收尾，对于大多数上班族来说，这两天是一周中工作任务最重的两天。正因如此，在这两天中，业务上的联络也会更加频繁。而一些不会体谅别人的人，经常会在周五发来邮件说"请您在下周一前将资料发过来"。

很多人这样说，是希望对方不必着急在当天内回复，可以用周末来缓冲一下。然而在对方看来，这样说的意思仿佛是要自己周末继续工作一样，十分令人郁闷。

其他的长假和年假也是一样，有的人自以为是在替对方着想，于是在假期开始前发邮件对对方说"交货的时间可以定在假期结束后"。这样的做法其实完全只是为自己考虑，很容易给对方留下不好的印象。因此，除非实在是事态紧急，否则最好不要将截止日期定在假期刚刚结束的时候。

在这种情况下，最好的做法是绕开假期，直接要求对方"在三个工作日内回复"即可。

同时在邮件的最后，可以再加上一句"如果时间安排上有什么问题，请随时与我联络"，这样会显得更加周到一些。如此一来，对方就能够更加愉快地答应你的要求，也会更愿意与你继续展开合作。

第 108 条

✗ 不合适 的说法

> 您能理解吗？

↓

✓ 合适 的说法

> 您如果有什么不明白的地方，请随时联系我们。

"您能理解吗"有一种看不起别人的感觉。

当对方发来询问或是确认的邮件时，我们通常需要写一封邮件来回复对方。此时，大家会不会在结尾加上一句"您能理解吗"？

特别是当对方遇到不懂的问题或者困难时，用"这样您能理解吗"来回复对方其实是非常不礼貌的做法。这句话会让对方感觉自己被瞧不起，从而心生不快。同时，这样的问法其实属于本书第15页提到的"封闭式问题"，只能用"是"或"否"来回答，所以大家还是尽量避开为好。

此时，最好将邮件的结尾改成"如果我们的解释还是不够清楚，导致您有什么不明白的地方，请您随时联系我们"。这样就相当于是告诉对方"如果有不懂的地方可以随时来问"，会让对方感觉更加安心。同时，在这里还用"如果我们的解释不够清楚"这句话先将责任揽到了自己的身上，这样也会让对方更容易接受一些。

在此之后，如果对方回信说"我明白了，谢谢你的说明"的话，我们可以再回复说"这都是我应该做的"或者"很高兴为您效劳"。此时一定不要用"那就好"来回复对方。"好"与"坏"这样的词相当于是在评价对方，大家一定要注意避开。

第 109 条

✗ **不合适** 的说法

为了防止今后出现问题。

↓

✓ **合适** 的说法

为了方便您参考。

"以防万一"听起来像是一种挖苦。

有时，为了让今后的工作能够顺利进行，需要事先就相关事务向对方进行说明。我们在对别人进行指导时，很容易在不经意间表现出居高临下的态度，所以大家在选择用词的时候，一定要多加注意。

比如，"为了防止今后出现问题"这句话听上去就像是一种恐吓，很容易给人留下盛气凌人的印象。这句话背后的意思其实是"为了让你今后好好工作，我现在会对工作的内容进行说明，你可一定要好好听"。这种半强迫式的发言很容易给对方带来压力，令听者感到不快。

当我们出于工作需要，不得不向对方详细介绍公司的软件系统或者业务流程时，可以用"为了方便您参考"作为邮件的开场白，这样听起来语气就会柔和很多。

在对相关事项进行说明后，可以再加上一句礼貌的结语，比如"希望以上说明能够给您带来帮助，感谢您的支持与配合"。这样一来，对方就会感觉自己受到了尊重，从而更愿意接受你的指导。大家在与人交流的过程中，一定不要忘记多照顾对方的感受，给予对方应有的尊重。

第 110 条

✗ 不合适 的说法

突然发邮件打扰您,实在非常抱歉。

↓

✓ 合适 的说法

不好意思突然打扰您。

即使是第一次给对方发邮件,也不必过分拘谨。

有的人在第一次给别人发邮件时会显得过分拘谨，不停地向对方道歉，比如"突然发邮件打扰您，实在非常抱歉"，或者"很抱歉突然打扰您，请您原谅我的冒昧"。

然而，如果是因为工作上的事情联络对方，其实并不是做了什么错事。相反，很多人对这种跟新业务有关的邮件很有兴趣。因此，在这种情况下其实完全没有必要过度拘谨、卑躬屈膝。这样的态度有时会让对方感到很有压力，甚至可能会带来反效果。

不过，如果是在清晨或者深夜给对方发邮件的话，最好先在开头加上一句道歉，比如"很抱歉这么晚打扰您"，这样会显得更礼貌一些，也可以消除对方的警戒心。在大多数情况下，一句简单的"不好意思突然打扰您"就已经足够了。

另一方面，站在相反的立场上，很多人在拒绝别人的工作委托时，会写很长的邮件向对方表达歉意。在他们看来，自己好不容易得到了工作机会，却只能婉拒，实在心有不甘，仿佛是做了一件天大的错事。凡事都要适度为好，这样的过度反应，只会让对方感到更加不知所措。

第 111 条

✗ 不合适 的说法

请您事先知晓。

↓

✓ 合适 的说法

希望能得到您的理解。

"请您事先知晓"会给人一种高高在上的感觉。

在给客户写邮件时，如果用"请您事先知晓"来结尾，会给人留下很不礼貌的印象。这样的说法其实是在对对方做出指示，要求对方先将邮件中的内容确认清楚后再展开具体合作，会给人一种高高在上的感觉。

比如，有人会在邮件中说"如果出现特殊情况，我们可能会对本次研讨会的日程安排做出调整，请您事先知晓"，或者"暑假期间我们将无法及时对您做出回复，请您事先知晓"。如果是顾客或者其他地位更高的人收到这样的邮件，很可能会感到不快，心想"凭什么要我们去适应你们的安排"。

如果想要避免给他人留下不礼貌的印象，让对方能够理解并接受自己的安排，一定要注意在邮件中放低自己的姿态。

比如我们可以将邮件的结尾改成"给您造成不便，我们深感抱歉"或者"希望能得到您的理解"，这样语气就会更柔和一些。

当我们想要得到对方的理解时，一定要给予对方应有的尊重。大家要时刻注意在邮件中使用更加礼貌的表达方式。

第 112 条

✗ 不合适 的说法

我知道了。

↓

✓ 合适 的说法

我明白您的意思了。

对客户或是上司说"我知道了"会有些不礼貌。

"我知道了"是一句非常实用的答复。除了邮件中的交流以外，聊天软件上也有很多"我知道了"的表情包，相信很多人都经常会用到。这句话通常用来表示自己理解了对方的意思，在大多数情况下并不会给对方带来不快感。

但是大家需要注意的是，工作中的邮件和日常聊天完全是两码事。

在与下属、后辈或是同事联络时，用"我知道了"并不会有什么问题。然而如果对上司或是客户这么说，很容易给对方留下不礼貌的印象。

在回复上司的指示或者客户的要求时，最好使用"我明白您的意思了"或者"我懂您的意思了"这种比较郑重的说法，这样才能表示出对对方的尊敬。

"明白"可以表示我们完全理解了对方的意思。当我们需要表达对对方的尊敬时，最好使用尊称"您"。"我懂您的意思了"则比"我懂了"要显得更加谦逊一些，在面对上司或前辈时使用也没有问题。

在回复工作上的邮件时，一定不要用和平时在网上聊天一样的态度。

第 113 条

✕ 不合适 的说法

请您注意身体，不要过度劳累。

↓

✓ 合适 的说法

祝您身体健康。

在信件的结尾使用比较积极向上的词，会给人留下更好的印象。

如果我们希望让自己写的邮件读起来更舒服一些，一定要尽量避免使用负面词汇。

日本自古以来就有"言灵"的说法，人们认为言语中也寄宿着灵魂。因此，在邮件中多使用肯定、积极的词语，会给人留下更好的印象。

然而，有些人在寒冬时节会在邮件结尾处写道"寒风凛冽，请您多注意身体，不要感冒"，到了夏天，又会告诉对方"天气炎热，请注意不要中暑"。

对于一个身体健康的人来说，无缘无故被人这样担心，心里多少会有些不舒服。而对于身体真的不太舒服的人来说，看到这样的话只会变得更加消沉而已。大家在祝别人幸福时，一定不会特意拐弯抹角地说"祝您不要不幸"吧？此时，如果换一种说法，将邮件的结尾改成"最近突然降温，希望您身体健康"的话就会积极很多，对方读起来也会更舒服一些。或者我们也可以不特意去提身体状况，用一句"期待与您的下次见面"来结尾，也会令对方感到愉快。

在写邮件时，一定要多想一想对方读后的感受。

13

负面意见

当我们想要对他人的工作或是行为提出负面意见时，为了不伤害到对方，应该怎么做才好呢？大家会不会一不小心将意见变成了责备？

一个人出社会越久，这样的烦恼就会越多。一句无心的话很可能会伤害到别人，甚至激怒对方，最终引发更大的纠纷。在向别人提出负面意见时，如果想要避免给对方带来不快，让对方能够心平气和地接受，还是需要下一番功夫的。

大家要记住的是，千万不要用好与坏、对与错来单方面做出判断，高高在上地去评价对方。

无论是谁都会有"认同需求"，希望自己能够得到他人的理解和支持，因此我们一定要先去理解对方的意图。在对对方表示理解后，再给出自己的反馈意见。这样一来，即使是负面的意见，对方也会更容易接受一些。

这次的企划案，要不你做做试试？
啊，真的可以吗？
不过我觉得你应该还做不了。
反正也就是试试
消
沉
部长这家伙又说这种话！
你先试一试，如果有不懂的地方可以来问我们！
加油！加油！
我觉得你一定可以的！
我这种人……
肯定不行……
呜呜，呜呜
我会努力的！
干得好！
太好了
耶

第 114 条

✕ 不合适 的说法

我觉得你还做不了。

↓

✓ 合适 的说法

你先试一试,如果有不懂的地方可以问我。

如果一开始就断定对方做不到,容易让对方失去动力。

当我们对新员工进行指导时，如果使用"我觉得你还做不了""这个你可能还没法理解"这样的表达方式，很可能会给对方带来额外的压力。

面对一份新工作，有不懂或者做不到的事是很正常的。很多人这样说可能是出于一番好意，希望为对方降低难度。但是很多人听到这样的话会感到有些恼火，心想"如果一开始就断定我做不了的话，直接别让我做不就好了吗"。

如果想要对自己的下属或是后辈表示关怀，其实只要对对方说"你先试一试，如果有不懂的地方可以问我"或者"可能有的地方你现在还做不了"就可以。只要表现出愿意向对方提供帮助的态度，对方在面对工作时就会安心很多。

如果想要让缺乏实战经验的新人去挑战难度较大的工作，可以对对方说"这个工作以前你可能没做过，但我觉得以你的能力是可以完成的。如果有什么不明白的地方可以随时来问我，加油"。这样一来对方也一定可以用积极向上的态度去挑战新事物。

即使内心感到有些担忧或不安，也一定要注意使用积极向上的表达方式，这样就不会让对方失去动力。

第 115 条

✕ 不合适 的说法

你这种想法是错的。

↓

✓ 合适 的说法

我是这么想的……

完全否定对方意见的做法有百害而无一利。

对话就像抛接球一样，如果总是不愿意接球，而是将对方抛来的球原样打回去，对方一定会感到有些火大。在对话中，完全否定对方意见的人就跟不肯接球的人一样。即使我们觉得对方说得不对，也一定要先伸手接住对方抛来的球。擅长与他人交流的人都一定对这一点深有体会。

无论是谁，都希望自己能够得到他人的认同。因此，只要我们表现出愿意倾听的态度，对方就会感到满足。此时，如果再提出不同的意见，对方也会更容易接受一些。所以在这种情况下，我们可以先说"原来你是这么想的"，表示自己理解了对方的意图，然后再说"我的想法是……"，来表达自己的不同意见。

有的人不愿意倾听别人的意见，心里总是觉得"反正我的想法才是对的""意见不同，多说无益"，想把自己的想法强加在他人身上。这样的做法只会强行给对话画上句号。

无论双方的意见出现怎样的分歧，都要保持一种"我也是对的，你也是对的"的态度，在尊重对方意见的前提下提出自己的想法。这样一来，相信双方都可以享受对话的过程。

第 116 条

✗ 不合适 的说法

这么大个人了,连招呼都不会打吗?

↓

✓ 合适 的说法

以后跟别人见面的时候打个招呼吧。

随便拿别人的年龄或是性别来说事儿很容易被看作侵扰。

当自己的下属没有做好分内的事情时，有些人会拿出身份标签来对其冷嘲热讽。

比如："这么大个人了，连招呼都不会打吗？"或者："都30多岁的人了，这点工作还干不好吗？"这样的说法就是在用年龄标签来绑架别人。还有，"这个工作可不是带孩子的女人能做的"和"一个男人连这点毅力都没有"，这种拿别人的性别出来说事儿的表达方式很容易被看作是性骚扰。

"你都已经是老手了"和"你已经是成年人了"这样的说法也是同样，不管是经验丰富的人也好，还是成年人也好，都会有做不到的事情。用自己的固有印象来评价甚至是歧视别人，会引发很大的问题。这样的话语很容易在无意中给别人造成巨大的伤害。

如果想要提醒自己的下属好好跟人打招呼，可以说"以后跟别人见面的时候打个招呼吧"；如果希望自己的下属提高工作效率，可以说"这个工作希望你能在明天之内完成，如果有什么问题可以来问我"。像这样，只要对对方做出具体的指示即可。

当我们觉得自己的下属靠不住，希望对方能有些责任心的时候，直接提醒对方注意工作态度就可以。用自己的固有印象来给别人贴标签，很可能会将路越走越窄。

第 117 条

✗ 不合适 的说法

你果然还是不行啊。

⬇

✓ 合适 的说法

虽然结果有些遗憾,但是你已经很努力了。

"你果然还是不行啊"这样的说法有些太过冷漠无情。

一些习惯否定别人的人，经常会在无意识中说出伤害别人的话。"你果然还是不行啊""我就知道结果会是这样"这两句话就是典型的例子。

听到这样的话，对方立刻就会察觉到"他从一开始就觉得我不行"，所以这样的说法其实很不礼貌。对方可能原本就因为对结果不满意而感到垂头丧气，被人这样在伤口上撒盐，一定会觉得更加痛苦不堪。没有比"你果然是个没用的人"这样的标签更令人感到绝望的了。越是努力想要回应他人期待的人，受到的打击就可能会越大。

反之，善于沟通的人通常会选择"虽然结果有些遗憾，但是你已经很努力了"这样的表达方式，先对对方的努力进行肯定，然后再表达自己的感受。

还有的人会在别人成功的时候用"我本来就觉得你一定能考上"这样的话来称赞对方。然而这句话在表达事情的进展很称心如意的同时，还隐约透露出一股自负感，也可能会给人带来不快。

如果想要称赞别人的努力，还是直接说"你这么努力学习，现在考上了，我真替你开心"，将自己的感受传达给对方比较好，这样对方才会愉快地接受。

第 118 条

✗ 不合适 的说法

不要为这种小事儿去烦恼。

↓

✓ 合适 的说法

是什么让你感到烦恼?

不要随便说别人的烦恼是"这种小事儿"。

没有人能够完全理解别人的烦恼。即使在旁人看来只是一件小事，对当事人来说，可能也是会让人深夜辗转反侧、愁眉不展的大事。

如果擅自将别人的烦恼说成是"这种小事儿"，只会让对方更加心烦。更有甚者，如果用"你怎么会为这样的小事儿去烦恼"或者"这种鸡毛蒜皮的事儿有什么可在意的"这样的话来责备对方，更会让对方备受打击。对方甚至可能会心想："以后再也不会对这种人倾诉烦恼了。"

就算心里觉得这件事没什么大不了，也一定不要在对方的面前显露出来。如果搞不清对方究竟为什么烦恼，可以直接询问对方"是什么让你感到烦恼。"

如果对方跟朋友吵架后正感到很沮丧，可能会回答说"我对朋友说了很重的话，想跟他道歉"，将烦恼的关键告诉我们。在这种情况下，我们只要附和他说"原来是这样，你是想和朋友道歉"，表示出理解就可以了。这样一来，对方也可能会继续推进话题，比如会询问你："我该怎么向他道歉比较好？"

工作、恋爱、家庭中的烦恼，对当事人来说都是非常严重的问题。当别人来向你倾诉时，一定要诚心诚意地去面对，千万不要将别人的烦恼看轻。

第 119 条

✕ 不合适 的说法

嘴上说说当然简单。

↓

✓ 合适 的说法

如果想要实行的话,应该怎么做呢?

不要让自己的话给别人带来压力和伤害。

当你向他人诉说自己的梦想或是目标时，如果对方回了一句"嘴上说说当然简单"的话，你会怎么想？对于好不容易才鼓起干劲的人来说，这样的一句话无异于是被人浇了一盆冷水，严重的话甚至可能会使人丧失动力。

俗话说"说起来容易做起来难"。其实每个人都知道行动是一件很困难的事情，并不需要其他人来给自己增添更多的压力。在有些人看来，说这种话的人心里其实是在想"你也就是嘴上说说，肯定不会真的去做"，完全是在瞧不起自己。这样一来，很可能会引发更大的冲突。

如果想要推对方一把，我们可以说："如果决定要做的话，接下来就要实际着手去做了！"或者："这个主意真的很好，如果想要实行的话，应该怎么做呢？"这样就可以将对话积极地推进下去。

更有甚者，在别人面对人生的低谷、想要努力扭转局面时，还会说上一句"真是太难了，但现在这个局面也都是你自己造成的"，仿佛是在嘲讽别人自作自受，这样的做法就更加过分了。

在这种情况下，还是要注意多使用积极的语言，比如可以说"我们一起来想一想该如何解决这个问题吧"。这样就不会伤害到对方，也不会使人际关系出现裂痕。大家在沟通和交流中一定要注意不要去打击别人的积极性。

第 120 条

✗ 不合适 的说法

没想到你还挺厉害的，真是人不可貌相啊！

↓

✓ 合适 的说法

你竟然连这个都会，好厉害啊！

在工作和人际交往中不要用外表去评价别人。

有的人总是爱通过外表去判断别人，而当别人的行动超出他们的预期时，他们就会说"真是人不可貌相啊"。比如，在向客户介绍自己的后辈时，他们会说"他表面上看起来不太起眼，其实很能干的"，而当同事带着便当来公司时，他们又会说"真是看不出来你还挺贤惠的嘛"。

无论是谁，听到这样的称赞都会有点高兴不起来。因为这句话意味着自己原本给别人留下了不好的印象，后来才发生了改观。

更让人感到气愤的是，有些人在发现别人没有自己想象的那么能干时，还会说出"看不出来你数学还挺差的"或是"看不出来你心理素质还挺差的"这样的话。这种人一旦发现对方没有达到自己的预期，就会对其恶语相向。这样的做法很容易打击到别人，经常这样做的话，很可能被看作是职权骚扰。

所以大家一定要注意，不要用自己先入为主的观念去判断或是评价别人，这种偏颇的想法只会给对方带来不快。如果想要称赞对方的表现，可以大大方方地对对方说"你竟然连这个都会，好厉害啊""你真的很优秀"或者"你好贤惠啊"，没有必要特意去将自己的负面想法告诉对方。

14

教育孩子

作为一名心理咨询师，我经常会接到关于孩子教育方面的咨询。

家长对孩子的期许越高，越是很难做到默默地守护和等待，总是急于去吩咐孩子做这做那。出于对孩子的关心，家长都会想要在孩子摔跟头前提醒孩子注意，这种心情也是可以理解的。

然而，只要不让孩子遇到危险，失败其实是一个很好的老师。人的成长都是来自于一个个小的失败，因此，与其在孩子摔跟头前提醒他，不如想办法在孩子摔了跟头后帮助他站起来。

孩子不是父母的所有物，而是一个独立的个体，所以家长不应该将自己的价值观强加到孩子的身上。同时，不要让孩子总是处于父母的支配之下，而是应该让孩子为自己负责。最理想的方式就是让父母和孩子共同成长。

妈妈工作要迟到了！
唠叨
唠叨
这个花花好漂亮
等一下
你快起来！
老师，这孩子就拜托您了。
烦躁
烦躁
哭叫
好的
感觉到了心痛……
这孩子实在是太难管教了！
那我们选一块石头带去给老师看吧！
不要，我要看石头！
我们走吧。
早上好！
好漂亮啊！
石头！
老师快看！
老师早！

第 121 条

✗ 不合适 的说法

你赶紧!

↓

✓ 合适 的说法

咱们一起在30分钟内把作业做完吧。

经常命令孩子做事会影响孩子的自主性。

当我们正要准备出门，而孩子还在磨磨蹭蹭不听话的时候，很多家长会感到很急躁，命令孩子说："你赶紧！""快点快点！""你再不走妈妈就自己走了！"我可以理解家长们烦躁的心情，但是这种命令的语气对孩子自主性的培养会产生负面影响。如果实在是有急事的话，家长应该事先做好时间的安排，在必要的时候可以帮助孩子一起做好外出的准备。

如果事情不是很急，但是希望孩子能够早点行动起来的话，可以用具体的时间来对孩子做出指示，再和孩子一起完成，例如"我们一起在30分钟内把作业做完吧"，或者"咱们在七点半之前把衣服换好吧"。

很多事情大人做起来很容易，对小孩子来说却很困难。每个孩子的成长和理解速度都会有所不同，性格上也有慢性子和急性子的区别，所以即使是面对同一件事，有的孩子能做到，而有的孩子就做不到。

在这种情况下，如果因为孩子做不到就催促责骂，只会让孩子越发失去动力。在孩子成功完成一件事时，一定要及时做出鼓励。向孩子做出指示时，也要尽量具体一些，这样才能更好地引导孩子。

第 122 条

✗ 不合适 的说法

不行,不能要玩具。

↓

✓ 合适 的说法

玩具要等生日的时候才能买。

经常对孩子说"不行"会伤害孩子的自尊心。

有些小孩子喜欢向家长撒娇，为了得到自己想要的东西会反复恳求，甚至任性地哭闹。特别是学龄前和小学低年级的孩子经常会向父母要这要那，而很多父母会立刻拒绝孩子说"不行""不可以"。

当然，如果是想要提醒孩子注意危险的话，对孩子说"不行，不能去危险的地方"是没什么问题的。但是如果无论孩子说什么做什么，都用"不行不行"来否决的话，会伤害到孩子的自尊心，让孩子失去自信，觉得自己做什么都不行。

如果想要在保护孩子自尊心的同时告诉孩子不能做哪些事情，最好的方法就是事先跟孩子一起制定规则。比如，只要事先跟孩子约好"玩具只有过生日和圣诞节的时候才能买"，即使孩子在其他时候提出想要玩具，也可以说服孩子"等过生日的时候就会给你买"。在这种时候不要单方面否定孩子的意愿，而是应该和孩子一起来商量。将否定的"不行"换成肯定的表达方式，也会让孩子变得更加积极向上。

在制定规则时也不要太过严格，一定要在家长和孩子都能遵守的范围内来制定。无论是孩子还是家长，都一定要信守诺言，不能随意违规。

第 123 条

✗ 不合适 的说法

你只要听妈妈的话就行。

↓

✓ 合适 的说法

妈妈是这样想的,你是怎么想的呢?

只会听话的孩子将来很难独立。

很多毁掉孩子的父母都有一个共通的特点，那就是喜欢对孩子的一切事情指手画脚。这样的父母会将"你只要听妈妈的话就行"这样的话当作口头禅，他们教出来的孩子会失去独立思考的能力，成为只会看父母脸色行事的牵线木偶。

反之，那些会独立思考的孩子，他们的父母通常会尊重他们的看法，经常会问他们："妈妈是这样想的，你是怎么想的呢？"在孩子给出自己的意见后，他们还会和孩子一起深入讨论："原来你是这样想的呀，咱们的想法是在哪里出现了不同呢？"

比如，当孩子说"我就算学习成绩不好也没关系"的时候，父母通常会告诫他"在学习中懂得很多知识是非常有趣的事，所以现在应该好好加油"，此时，如果孩子反驳说"可是我想踢足球、打游戏"的话，我们应该怎么回答才好呢？

这个时候家长最好不要当场否定孩子的意见，而是和孩子一起制订计划，对接下来一周的时间安排进行规划。

这个过程中的关键在于，我们要先倾听孩子的想法，然后问孩子这么想的理由。在此之后，父母可以说出自己的意见，和孩子一起商量着做出决定。在制订好计划后，家长最好事先和孩子商量好，如果出现违约的情况该怎么办。

第 124 条

✗ 不合适 的说法

快去学习。

↓

✓ 合适 的说法

让我们一起来学习吧。

越是强迫孩子学习,越会导致孩子产生逆反心理。

家长对孩子的强迫只会对孩子的成长产生不好的影响，有百害而无一利。

其中"快去学习"这句话非常典型，很容易让孩子越来越讨厌学习，但是很多家长平时都会在无意识中这样催促孩子。

在这样的命令下，孩子就算是不情不愿地坐到课桌前，也只会觉得自己受到了强迫，很难学得进去。所以很多孩子为了逃避家长的训斥，会出现抄答案、藏作业等耍小聪明的行为。说到底，当孩子自身没有学习意愿时，其学习效率是非常低下的。

如果想要让孩子鼓起干劲，家长应该把"快去学习"换成"让我们一起来学习吧"。在这个过程中，家长的参与也非常重要。

首先第一步，家长应该帮助孩子一起做好准备工作。在孩子还无法自己安排好学习任务时，家长要先放下自己的工作和爱好，翻开书、和孩子一起坐到桌子前，这种和孩子共同面对的态度非常重要。所以在一开始不必着急让孩子在自己的房间里学习，家长和孩子可以一起在客厅或是饭厅的桌子上学习，这样会更容易坚持下去。

在孩子养成学习习惯之前，一定拿出耐心来陪伴。

第 125 条

✗ 不合适 的说法

好好坐着。

↓

✓ 合适 的说法

坐在椅子上的时候不要乱动。

在"好好""认真"的后面最好加上具体的指示。

我在本书第 31 页对"深入""彻底"这种意义较为暧昧的词语进行过分析。对很多人来说，听到这种含糊不清的指令只会感到越发摸不着头脑，孩子也是一样。

　　使用这种意义暧昧的词语来对孩子提出要求，很难达到自己的预期效果。在提醒孩子时，最好用孩子能够理解的词，向孩子做出具体的指示。

　　比如，当孩子在商场乱跑的时候，很多人会对孩子说"好好走路"，但对孩子来说，他们并不清楚什么才算是"好好"，所以即使暂时停了下来，之后也很可能会再次做出相同的举动。

　　家长如果希望孩子坐在椅子上时不要乱动，最好把话说得具体一些，比如"坐着的时候把膝盖并拢，五分钟内不要讲话"。

　　就算孩子还不太理解时间的概念，也要多对孩子使用具体的数字。此时，手头如果有绘本之类的能够吸引孩子注意力的东西的话，就更好了。

　　在使用"好好""认真"等意义较为暧昧的词语时，最好加上一些具体的指示。一句之差，也会让孩子的理解程度出现巨大的变化。

第 126 条

✕ 不合适 的说法

> 我早就告诉过你了。

↓

✓ 合适 的说法

> 下次要注意哦。

"我早就告诉过你"这样的表达方式是对孩子的一种控制。

有很多话，不仅是孩子，就算是大人听了也会心生不快。其中一个典型的例子就是"我早就告诉过你了"。很多人会在别人失败时，摆出一副自己早就知道了的样子说出这句台词，而对方听了只会感到非常厌恶和气愤。对于处在成长期的孩子来说，则更是如此。很多事情在实际动手做之前，我们并不知道究竟会成功还是失败。如果在自己不小心失败的时候，身边的人总是一脸得意地冷嘲热讽说"我早就告诉过你了吧""你看，果然不出我所料"，只会让人渐渐失去自信，陷入自我厌恶的恶性循环之中。

用这句"我早就告诉过你"来责备孩子，相当于是在对孩子说"就是因为不听我的话，你才会失败，这全都是你的错"。这样的话语是在对孩子的人格进行否定，会阻碍孩子的成长。在这种环境下成长起来的孩子很可能只会看父母的脸色行事，不敢表达自己的想法。

如果不想伤害到孩子，只要对孩子说一句"下次要注意哦"就可以了。如果孩子一开始以为自己一定能做到，结果却惨遭失败，我们可以和孩子一起总结失败的原因，这样能够培养孩子独立思考的能力。

孩子不是父母的附属品，而是一个独立的人，所以他们不可能完全按照父母的想法去行动。没有想清楚这一点的家长很容易用强迫性的态度去控制孩子，用权力来对孩子进行束缚，在这种环境下成长起来的孩子将来一定会出现问题。大家要记住，失败也是成长的必要组成部分。

第 127 条

✕ 不合适 的说法

考了一百分,真是太棒了。

↓

✓ 合适 的说法

这都是你每天努力学习的结果。

不要让孩子觉得只有拿到高分才能获得表扬。

对孩子来说，父母是最重要的人，孩子们都希望能得到父母的认可。因此，父母需要在平时对孩子进行称赞、认可、感谢和鼓励。然而，虽然表扬孩子是一件好事，但是如果在表扬的话语中加上"评价"的因素，其意义就发生了改变。

"考了100分，真是太棒了"这句话对孩子来说就意味着"考了100分的你很棒"。听到这样的称赞，孩子会觉得只要自己考了100分，别人就会认同自己存在的价值。如此一来，孩子很容易形成一种思维定式，那就是"只要满足父母的预期，就会得到父母的爱，反之则会失去父母的爱"。

如果经常使用这样的交流模式，孩子会将父母的评价放在第一位，在考虑问题时总是以父母的标准去思考，很难形成独立的价值观。这样的孩子在长大后一旦遭遇挫折，就会把责任扣到父母的头上去，觉得自己变成这样全都是父母的错。

为了防止这样的情况发生，我们在表扬孩子时一定要将重点放在"过程"，而不是"结果"上。

在表扬孩子时，我们可以多去向孩子表达自己的感受。比如当孩子考了100分时，我们应该肯定孩子的努力，告诉他"这都是你每天努力学习的结果"。当孩子帮忙做家务时，我们不要说"你真棒"，而是应该说"妈妈/爸爸真开心"。家长应该称赞孩子的行为和努力，对孩子进行肯定。在向孩子表达自己的感受时，也可以尽量夸大一些。这样一来，孩子被承认需求得到满足，就能够成长为一个积极向上的人。

第 128 条

✗ 不合适 的说法

快闭嘴，太丢人了。

↓

✓ 合适 的说法

……的话会更棒哦。

只有家长才会觉得丢脸，孩子的行为其实都有自己的意图。

在公交车或者其他公共场合中，有时孩子会不停地哭闹喊叫，而家长则在旁边训斥孩子说"快闭嘴，太丢人了""你再这么哭大家都讨厌你了"。事实上，"丢人"只是家长的想法，对孩子来说，他们根本就不理解"丢人"这个概念，所以才会一直哭个不停。

孩子的情绪是很复杂的，有时他们的哭闹只是为了吸引家长的注意，让家长来哄自己。青春期的孩子会做出一些出格的行为，也是希望周围的人能够愿意接受完全不同的自己。换句话说，这是孩子对家长的一种考验。小孩子也是一样，为了让父母把注意力放在自己身上，即使是会遭到训斥和责骂，他们也会一直哭个不停。但是那些无法理解孩子意图的父母只会感到麻烦，向孩子发火，甚至是干脆置之不理。

为了打破这样的恶性循环，首先我们需要倾听孩子的想法，让孩子感受到自己被父母无条件地爱着。我们可以用比较温柔的态度对孩子说"宝宝的笑脸比哭脸更可爱哦"，这样孩子就会感到更加安心，也更能听进去父母的话。

孩子的行动中其实都包含着特定的意图，家长需要理解孩子行动背后的想法。只有对孩子表达出无条件的爱与关怀，孩子才会感到安心，事情才能够得到圆满的解决。

第 129 条

✗ 不合适 的说法

你怎么连这都不会?

↓

✓ 合适 的说法

我希望你能……

没有达到目标就责备孩子，只会让孩子渐渐丧失自信。

从学习到运动，再到吃饭、做家务等日常习惯，孩子在成长过程中需要学习很多东西，逐渐去掌握各种技能。有些事情如果只教一两遍，孩子很可能会记不住。如果因为孩子没有学会，就责备孩子说"你怎么连这都不会"，只会导致孩子逐渐丧失自信。

请大家站在孩子的立场上去想一想，如果因为不会做某件事就遭到别人的责备，大家心里会不会感到非常委屈？很多人在成为父母后，会希望孩子能够按照自己的想法去做事情，而容易忽略孩子内心的感受。

如果因为孩子没有达到自己的预期而感到遗憾，可以将这种感受直接表达出来，比如我们可以告诉孩子说"妈妈很想让你每天自己做好上学的准备"。在教育孩子的过程中，也要尽量用"我"作为主语。当孩子缺乏动力或是不擅长做某件事时，家长也不要强迫孩子，而是应该帮助孩子一起完成，让孩子在此过程中逐渐积累一些小的成功体验。

人都会有长处和短处，也会有擅长做的事和不擅长做的事。强行逼孩子去做他做不到或是不想做的事情，看上去就跟欺负人没什么两样。为了保护孩子的自尊心，在孩子没有达成目的时不要去责备，而是应该尽量给孩子提供帮助。只要家长学会合理地向孩子表达自己的感受，孩子也会变得更加积极向上。

第 130 条

✗ 不合适 的说法

你要是不听话,妈妈就不要你了。

↓

✓ 合适 的说法

你不听妈妈的话,妈妈会很难受。

用语言暴力来威胁孩子也会构成虐待。

当孩子不听话时，有些家长会威胁孩子，对孩子恶语相向。甚至有的家长在和孩子吵架，或是被孩子顶撞的时候，会对孩子说"你要是这么做，妈妈就再也不回这个家了""你要是不听妈妈的话，妈妈就不活了"。

这些家长是想要用自己来威胁孩子，其言下之意就是"如果你再不听话，我就让你好看，到时候你自己后悔去吧"。"不好好学习的孩子，妈妈就不要了""再不好好收拾房间你就等着挨打吧""你要是不好好表现，我就让警察叔叔来把你带走"，这样的话语都是在威胁孩子。

特别是有些家长为了逼迫孩子学习，会用语言暴力来威胁和伤害孩子。这样的做法被人们称为"教育虐待"，最近在社会上引起了极大的关注。

在遭到父母的威胁后，很多孩子会将真正的自我封闭起来，装出一副听话的样子，但这种忍耐也是有极限的。

如果想让孩子听话，家长可以将自己的情绪表达出来，比如告诉孩子说"如果你不肯听妈妈说话，妈妈会很伤心"。然后再和孩子心平气和地商量，想出一个双方都满意的解决方案，这样孩子会觉得自己的想法得到了尊重，也能和家长建立更加稳固的信赖关系。

第 131 条

✗ 不合适 的说法

千万注意别出错。

↓

✓ 合适 的说法

只要保持平常心去做就好。

"千万别出错"这样的话只会给孩子增加压力，反而更容易导致失败。

在重要的考试或是表演前，有的家长会提醒孩子说"千万注意别出错"，或者"可别出现失误啊"。

其实孩子和大人一样，这样的话听得越多，越容易感到压力。一个人越是心想"我不能失败""我不能出错"，越是会紧张不已，陷入焦虑。这样一来，就算是能力已经足够，也会由于压力过大而无法发挥出真实水平。

对孩子来说，从小的失败中吸取教训是成长的必经之路。在无数次的失败中，孩子们会变得更加坚强，就算是遇到些磕磕绊绊，也会立刻重整旗鼓，向前迈进。因此，只要孩子的安全没有受到威胁，家长就可以放平心态，做好面对失败的心理准备。如果想要培养孩子坚毅的性格，可以告诉孩子"只要保持平常心去做就好"，这样孩子也会感到安心。

所有人都会有自我实现的需求。马斯洛在其著名的"人类需求五层次理论"中就提到过这一点。每个人都会想要发挥自己的能力和潜力的极限，向理想中的自我靠近。只要给孩子提供合适的环境，孩子就会去努力实现自我，成长为一个强大的人。

15

一些容易引发职权骚扰的说法

2020年6月，日本正式颁布了《职权骚扰防止法》。

职权骚扰其实包括很多内容。现在主流的看法是将职权骚扰归结为六个方面，包括"身体攻击""精神攻击""排挤""要求过高""要求过低""侵犯私人领域"等。现如今，下属对上司的"反向职权骚扰"的例子也在不断增多。

总爱用输和赢来做出判断的人和思想比较僵化的人很容易成为职权骚扰的加害者。很多口口声声说"我绝对没有对别人进行过职权骚扰"的人，都缺乏对自己的客观认识，会在不知不觉中成为加害者。

那么，究竟哪些话语和行为容易给别人带来烦恼，造成职权侵扰呢？请大家在阅读本章的过程中对自己过去的行为进行一下反思。一个人只有先理解自己，才能理解别人。同理，我们只有先学会自爱，才能学会如何去善待他人。

希望大家都能学会为他人着想，构建相互理解、相互包容的人际关系。

你先在一边看着就行。	好的。

就用背影来说话！

是男人

完——全搞不懂

怎么办

戳

这边的业务你也慢慢学一学吧。

好的

转过身来

得意

得意

在那之后，部长还在继续用背影说话。

第 132 条

> 你先在一边看着就行。
> 一边做一边学。　　✕

很多上司希望自己的下属能够独立思考，独立完成工作。他们心里总是想着，"工作这种东西就是要一边看一边自己主动去学，不需要手把手去教"。然而这样的指导方针，很容易导致上司和下属之间产生各种各样的误会。

面对这种总是说"你先在一边看着就行""一边做一边学"的上司，很多员工会觉得"上司什么都不教我，让我感到很茫然"，然后向公司投诉说自己没有得到任何的指导。这种"我什么都不用说，慢慢地他自己就会了"的想法很容易成为纠纷的源头。在指导员工时，最好还是将业务分成很多个小的步骤，然后一点一点地来进行指导比较好。

第 133 条

> 任何事都可以来问我。
> 我现在有点忙，等下次吧。　✕

"双重绑定"是指同时用两个相互矛盾的命令来约束别人。

很多上司会对下属说"任何事都可以来问我"，然而当下属真的来问他们的时候，他们又会说"我现在很忙，等下次吧"来把对方赶走。同样的，很多家长也会对孩子使用这种"双重绑定"，比如"你要独立起来，但是不能离开父母""你可以做你喜欢的事，但是一定要成为一个成功的人""你得结婚，但是不能跟这个人结"，等等。

通过这种反复无常的要求来控制对方的思维，其实相当于是一种欺凌行为。在指导下属和教育孩子时，大家一定要注意避开这种"双重绑定"的行为。

第 134 条

> 这个你怎么没做?
> 怎么会变成这样?

  "怎么"是一个很危险的疑问词,这个词经常会给人带来一种"责问"的印象。一个人就算是心里很明白,也容易因为很多自己无法掌控的原因而做错事。当别人用"怎么"这个词来责问他时,他也不知道该如何回答才好。

  "这个你怎么没做?""怎么会变成这样?"这种对事实情况的确认通常会被称作是"调查性询问"。很多喜欢先对事实进行把握然后再解决问题的人,都会采用这样的方式。但是这样的问法很容易被理解成是一种"责任追究""威胁"和"斥责"。找到失误的原因当然是非常有必要的,但在此之前,我们应该先询问对方的想法和感受。

第 135 条

> 笨蛋、白痴、迟钝。 ✕

　　看到这几个词，大家可能会心想："现在这个年代还有人会这么说吗？"事实上，还真有这样的人。

　　在一个组织中，人的地位往往是根据职位和资历的不同来确定的。当这种地位的上下关系十分明确时，处于上位的人如果对处于下位的人进行攻击和控制，就会引发职权骚扰。其中最严重的一种骚扰行为，就是用"笨蛋""白痴""迟钝"这种攻击性词语来责骂对方。甚至有人会由于无法忍受上司的辱骂而选择自杀。这样的悲剧在很多企业中都曾经发生过。有些人会觉得这样的责骂也属于指导方式的一种，这种人很容易成为职权骚扰的加害者，请大家一定要多加注意。

第 136 条

> 年轻就是好啊。
> 你一个大男人。

谈论对方的性别、年龄和样貌是很不礼貌的行为，尤其在工作场合中更是如此。现如今，无论是称赞别人说"年轻就是好啊""当女生可真好啊"，还是对别人评头论足说"你怎么把头发剪了啊""你今天竟然穿裙子，真是难得"，都经常会被看作是性别歧视。

"你一个女的""你一个大男人"这样的说法更是千万要避开。这种对性别的固有认识很容易会成为偏见和歧视滋生的温床。

在职场中，一定要尽量避免谈论对方的性别、年龄和样貌。

第 137 条

> 美女。
> 我们公司的妹子。 ✗

性骚扰的言行有很多种，包括询问对方跟性有关的问题、开下流的玩笑、跟对方讲述自己的性经历、强行触摸对方的身体以及强迫对方发生性关系，等等。故意传播具有性含义的谣言也包括在内。"小哥/妹子""美女/帅哥"这种带有挑逗性的称呼也最好不要使用。

还有很多人来咨询过我，在别人的名字前面加一个"小"字，这样的称呼方式算不算是性骚扰。我觉得，如果是某个组织中有这样的习惯，所有人都互相这样称呼的话，并没有什么太大的问题。如果只是对特定的人群使用，那很可能会被看作是性骚扰。

第 138 条

> 不能找别人吗？ ✗

最近，越来越多的人会用"不能找别人吗"这样的话语来推辞工作。很多人可能心想，反正大家工资都是一样的，能少干一点就少干一点。

还有的人会觉得某个工作不重要，或者自己不太擅长，于是就反问对方："为什么要找我做？""这个工作可以找别人吧？"在职场中，这样任性的做法显然是不合适的。

为了不让同事们对你敬而远之，还是少说这样的话为好。

第 139 条

> 我不要。
> 我不想做。　　　　　　　✕

　　人在交流的过程中，都会倾向于先表达自己的情绪。比如当别人来拜托自己做事时，很多人会立刻回绝说"我不要""我不想做"。这样的回答方式是非常不合适的。

　　在工作时，我们不能总是按照自己的喜恶来挑三拣四。最近我还碰到了一个职场欺凌的例子。由于上司对IT方面一窍不通，其下属即使对IT方面很了解，也推脱说自己不想做，故意给上司找麻烦。在工作中，请大家不要掺杂过多个人的情感。

　　如果是真的做不到，也没必要硬着头皮去接。但如果只是心里觉得麻烦不想做，还是学会忍耐比较好。

第 140 条

> 拐弯抹角，欲言又止。 ✕

很多不擅长处理人际关系的人都有一个共同的特点，那就是总爱使用一些惹人不快的语气或是口头禅。其中，那些说话总爱拐弯抹角、欲言又止的人就是一个典型的例子。在很多情况下，这样的预期是在间接地向对方宣示自己的不满。

"要是能解释得再清楚一些就更好了……"（表示要求），"要是能早点跟我说就不至于这样了……"（推卸责任），"反正肯定是会失败的……"（表示轻蔑），"差不多该结束了吧……"（给对方施压），"那个人虽然性格是挺好的……"（说别人的坏话），这些说法都十分典型。

总是喜欢欲言又止、说话只说一半的人一定要多加注意，改掉这个习惯。

第 141 条

但是、可是、不过、然而。　✕

很多人在别人说完话时,喜欢立刻跟上一句"但是""可是""不过""然而"。这几个词的后面通常会接上一些负面的话,比如"但是没有时间啊""可是做不到啊""不过我们也没办法啊""然而本来我们就不知道啊"。对方被这样否定后,只会感到消沉。

有的人就算没有什么具体的反对意见,也喜欢把这种否定性的词语挂在嘴边。大家一定要注意在平时少用这四个词,这样才会成为一个更加受欢迎的人。

结　语

　　大家可能都以为自己已经熟练地掌握了母语，然而事实上，我们往往只是在反复使用一些特定的表达方式。每个人的词汇量其实都比想象中要少，经常会重复说同样的话。

　　平时，我们常说的几句口头禅经常会不由自主地脱口而出。如果我们无意中反复说的话总是在激怒别人，那会给自己带来怎样的后果呢？

　　一句简单的话，可以让对方精神百倍，也可以让对方坠入消沉。甚至很多话即使是日后想起，也会再次带来同样的精神打击。

　　我就经常会回想起以前令自己备受打击的话语。每当此时，我都会暗暗告诫自己，以后一定不要对别人说同样的话。虽然我也肯定会有注意不到的时候，但至少我会在心里对自己多加提醒。作为一名讲师，我也在不断地努力提升自己。

　　我是一个十分敏感的人，所以很怕自己的无心之失会伤害到别人。为了减少这样的担忧，我平时的言行都比较慎重。也许我是不想成为自己讨厌的那种人，所以这样的做法可能是我的一种自我防卫。但我认为，保护自己的确是一件非常重要的事。

在做心理咨询和演讲的时候，我会想方设法告诉大家，一定要学会爱护自己。

在做心理咨询时，我会感觉到很多人过于轻视自己，没有坦诚地去面对自己的感受。

在生活中，我们经常需要想办法忽视自己的感受，来让自己适应这个社会。因此渐渐地，我们很难再去直面自我，也很难去理清自己的想法。

当想要压抑住自己的感情，把别人放在第一位时，我们肯定需要付出不少的忍耐。而在这样的情况下，如果对方仍然没有给出我们所期待的反应，这种忍耐就会转变为同等的悲伤甚至是愤怒。这样压抑自我，只会让我们的心灵伤痕累累。

最终，我们会因为愤怒而去攻击对方，然后对方也会回以反击，逐渐陷入一种恶性循环。

在与他人的交往之中，如果连我们自己都理不清自己的感受，那该如何去将自己的想法传达给别人呢？在这样的情况下，双方永远都不可能相互理解。

在沟通时，我们的眼里往往只能看到对方。然而事实上，沟通的关键其实是"理解自我"。只有当我们完全理解自己的意图和感受，才能更好地传达给对方。这一点，其实是双方相互理解的基础。

不知道大家有没有听说过"互惠原则"这个词。所谓互惠原则，是指当你对他人抱有善意时，对方也会用同等的善意来回报你。

显然，我们很难去要求别人表示出善意，所以我们只能从自己做起，尽量在沟通中使用一些让别人感到愉快的表达方式。这样一来，对方也会做出不同的反应。

当我们逐渐感受到他人的善意时，我们自己也会更加认同和肯定自己。

自我肯定是幸福的源动力。所以即使是为自己考虑，我们也要多对自己平时的言行加以注意。

乐于助人者，亦得人助。

希望大家在读过本书后，能够尝试着多去注意自己平时的一言一行。

说话时换一种说法，也许就能够给自己和周围的人带来更多的幸福感。

请大家一定要在重视他人的同时，学会爱护自己。希望本书能够成为您构建良好人际关系的一把钥匙。

大野萌子

大野萌子　Moeko Ono

　　一般社团法人日本 Mental Up 支援机构（Mental Up Manager 资格认定机构）代表理事，毕业于日本法政大学。企业心理咨询师、2级职业咨询师。在企业内担任心理咨询师多年，擅长人际关系改善技巧等领域。每年会在日本防卫省及众多大型企业中进行 150 次以上的演讲和授课，内容主要是人际交流、职场骚扰、心理健康等方面的行为模式改善。同时还创办了"Mental Up Management 讲座"来面向大众教授沟通技巧，帮助听众塑造更加和谐的人际关系。

　　已出版著作：《如何应对"求关注"的员工》（Discover 21 出版社）、《面对"说不出口的话"该怎么办？》（pal 出版社）。曾多次在广播和电视节目中担任嘉宾，被东洋经济网评选为"2019 年长期热销作家"。

　　Mental Up 网址：https://japan-mental-up.biz